北京仲裁

BEIJING ARBITRATION QUARTERLY

BIAC 北京仲裁委员会 Beijing Arbitration Commission 北京国际仲裁中心 Beijing International Arbitration Center

U0817008

第 119 辑（2022年第1辑） Vol. 119（2022, No. 1）

主　办：北京仲裁委员会／北京国际仲裁中心
协　办：中国国际私法学会
武汉大学国际法研究所

中国法制出版社
CHINA LEGAL PUBLISHING HOUSE

目录

特　　载

专　　论

ADR专栏

Contents

中国国际服务贸易年度观察（2022）

石静霞 *

一、引言

根据世界贸易组织（World Trade Organization，WTO）的统计，近年来全球服务贸易平均增速为货物贸易增速的两倍，在国际贸易中的占比和地位稳步提升。① 尽管服务贸易在许多发达经济体中占据其国际贸易的主体地位，在发展中经济体国际贸易中的占比亦在迅速上升，但总体上服务贸易在国际贸易中的重要性经常被忽略。部分原因在于服务的无形性以及服务贸易相关问题的复杂性。②

2021 年适逢我国加入 WTO 20 年。这 20 年既是我国经济快速发展的 20 年，也是我国服务贸易发展的加速期。目前我国服务业产值占 GDP 的比重从 2001 年的 33% 左右稳步上升到 55% 左右，出口量占我国出口总额的 10% 左右，缩小了我国与世界产业结构的差距。③ 截至 2021 年底，我国已连续 7 年保持服务贸易世界第二大国地位，服务贸易进出口额占全球总额的比例持续提升，

---

* 石静霞，中国人民大学法学院教授、博士生导师，北京仲裁委员会 / 北京国际仲裁中心仲裁员。

① See World Trade Organization, World Trade Report 2019: The Future of Services Trade. 该年度报告统计数据截至 2017 年底。

② Roberto Azevêdo, Forward by the WTO Director-General, World Trade Report 2019: The Future of Services Trade.

③ 尹伟华:《“十四五”时期我国产业结构变动特征及趋势展望》，载《中国物价》2021 年第 9 期。

"中国服务"已成为"全球服务"发展的巨大引擎。[①] 在新冠肺炎疫情肆虐世界、全球经济陷入衰退、单边主义日益抬头之际，我国同东盟和日韩澳新共十五国于 2020 年 11 月 15 日签署《区域全面经济伙伴关系协定》（Regional Comprehensive Economic Partnership，RCEP）。RCEP 中包含了很多服务业开放内容，致力于营造更为公平的服务贸易竞争环境，对国际服务贸易的规则构建及发展产生积极影响。[②] 在"一带一路"建设中，随着信息技术的发展，以互联网、大数据、跨境电商为代表的新型服务贸易正成为新的经济增长点。[③]

习近平总书记指出，服务贸易是国际贸易的重要组成部分和国际经贸合作的重要领域，在构建新发展格局中具有重要作用。[④]2021 年是"十四五"开局之年，中国持续推进服务业开放，加快推进服务业供给侧结构性改革，服务贸易体制机制不断完善，服务贸易发展水平不断提升。从连续 4 年缩减外资（含服务业外资）准入负面清单，到出台海南自由贸易港跨境服务贸易负面清单，以及探索建设国家服务贸易创新发展示范区等，我国在 2021 年释放多重坚持推进经济全球化、深化国际经贸合作的信号。[⑤] 当前全球疫情仍未结束，加之俄乌战争叠加效应，世界经济面临多重挑战，服务业开放合作是推动经济复苏的重要力量。

在此背景下，本报告重点梳理中国 2021 年对外参加或签署的重要多边、区域和双边经贸协定中的服务贸易规则及承诺，观察和讨论 2021 年我国服务业

① 《中国与世界共享"服贸"发展机遇》，载新华网 2021 年 9 月 7 日，http://www.bj.xinhuanet.com/hyzt/2021zgfmh/gundong/2021-09/07/c_1127838100.htm（2022 年 1 月 16 日访问）。

② 《RCEP 在服务贸易领域内达成的协议将推动服务贸易显著增长》，载国新网 2021 年 3 月 25 日，http://www.scio.gov.cn/32344/32345/44688/45119/zy45123/Document/1700953/1700953.htm（2022 年 5 月 26 日访问）。

③ 《数字经济提振信心，营商环境加速完善——从服务贸易看"一带一路"建设新看点》，载中国政府网 2020 年 9 月 9 日，http://www.gov.cn/xinwen/2020-09/09/content_5541990.htm（2022 年 5 月 26 日访问）。

④ 《习近平在 2021 年中国国际服务贸易交易会全球服务贸易峰会上发表视频致辞》，载中国政府网 2021 年 9 月 2 日。致辞全文见：http://www.gov.cn/xinwen/2021-09/02/content_5635041.htm（2022 年 5 月 26 日访问）。

⑤ 《共享服务贸易发展机遇，共促世界经济复苏和增长》，载求是网 2021 年 9 月 4 日，http://www.qstheory.cn/wp/2021-09/04/c_1127827826.htm（2022 年 5 月 26 日访问）。

发展和北京市服务业的重点法律法规及文件，并展望未来市场开放和规则构建。

二、多边层面：WTO《服务贸易国内规制参考文件》达成

2021 年 12 月 2 日，包括我国在内的 WTO 67 个成员共同发表《关于完成服务贸易国内规制谈判的宣言》，确认服务贸易国内规制联合声明倡议（Joint Statement Initiative of Services Domestic Regulation，SDR）谈判顺利完成并达成《服务贸易国内规制参考文件》，决定参加方在一年内完成各自正式核准工作。[①] WTO 首轮多边贸易谈判“多哈发展回合”自 2001 年启动以来一直成果寥寥，[②]“服务贸易国内规制”谈判的成功结束对 WTO 多边贸易而言是非常重要的进展。

（一）《SDR 参考文件》的主要内容

服务贸易国内规制谈判于2017年12月在WTO第11届部长级会议（MC11）上正式发起，谈判成果文件体现为《服务贸易国内规制联合声明——服务贸易国内规制参考文件》（以下简称《SDR 参考文件》）。在总则部分，规则体现了发展导向，规定给予发展中成员最长达 7 年的实施过渡期；规则还强调参加方的监管权力，明确各方有权对其境内服务提供进行管理和制定新法规等。在具体规则要求部分，提出了服务贸易相关措施应符合客观和透明的标准、程序公正与合理要求，且不对服务提供者进行性别歧视等。在金融服务规则方面，考虑到金融服务的特殊性，为金融相关的许可、资质的申请与审批提供了适度的灵活监管空间。[③]

在具体内容上，《SDR 参考文件》聚焦于与服务贸易相关的许可要求和程序、资质要求和程序及相关技术标准，旨在促进服务贸易国内规制措施的透

---

① WTO, *Declaration on the Conclusion of Negotiations on Services Domestic Regulation*, WT/L/1129, Dec.2, 2021.

② 多哈回合试图解决之前《关税与贸易总协定》（General Agreement on Tariff and Trade, GATT）历次谈判中忽视发展中成员利益而积累的发展赤字。为此，一些发展中成员始终坚持应首先完成多哈回合授权，并多次利用 WTO 的共识（consensus）决策机制拒绝启动新议题谈判。See e.g., Genevieve Dufour & David Pavot, *WTO Negotiations: The Unfinished Doha Development Agenda and the Emergence of New Topics*, Global Trade and Customs Journal, Vol.15, No.5, pp.244–251（2020）.

③ WTO, *Joint Initiative on Services Domestic Regulation – Reference Paper on Services Domestic Regulation*, INF/SDR/2, Nov. 26, 2021.

明度、可预见性和便利性。在透明度方面，《SDR参考文件》要求WTO成员公布所有的服务业许可要求及授权程序，建立服务提供方可进行咨询的适当机制，在公布相关服务业的法律法规时征询相关利益方意见并对意见予以考虑等。在可预见性方面，《SDR参考文件》要求就申请处理建立指示性的时间表，提供有关许可申请审理的进展，允许申请方改正申请材料中的微小错误或提供进一步信息等。在便利性方面，《SDR参考文件》要求申请只需经过一个主管机关，允许申请方随时提交申请，接受电子方式申请以及复件材料，申请费用应合理和透明，以公开透明方式制定相关技术标准，确保相关程序公正公平，且不在提供者之间进行性别歧视等。[①]

（二）《SDR参考文件》的特点及意义

1.《SDR参考文件》达到成为"关键多数协定"的标准

如果开放式诸边协定的参加方达到行业覆盖的关键多数，则在经济学意义上而言，免费搭车对参加方造成的利益外溢可忽略不计。参加方允许非参加方虽不承担协定义务但可享受协定利益，此类协定被称为"关键多数协定"（critical mass agreements，CMAs）或"临界数量协定"，通常可基于最惠国待遇原则将协定利益扩及所有WTO成员。[②]SDR谈判启动时有59个WTO成员参加，至协议签署时已有67个成员，包括中国、美国和欧盟成员国在内的服务贸易进出口排名的前9位成员，只有出口排名第8、进口排名第10的印度未参加谈判。参加成员的服务贸易量涵盖全球服务贸易90%，达到成为"关键多数协定"的标准。因此，《SDR参考文件》可在最惠国待遇基础上将协定利益扩及所有WTO成员。WTO总干事奥孔乔－伊维拉女士在WTO有关《SDR参考文件》发布会上呼吁该协议参与方继续与其他WTO成员接触，并鼓励其切实落实其中的技术援助，以吸引更多成员尤其是发展中成员加入。[③]

---

① Ibid，pp.4–8.

② See Manfred Elsig，*WTO Decision-Making：Can We Get a Little Help from the Secretariat and the Critical Mass*，*in* Redesigning the World Trade Organization for the Twenty–First Century，pp.86–90（2010）；Peter Gallagher & Andrew Stoler，*Critical Mass as an Alternative Framework for Multilateral Trade Negotiations*，Global Governance Vol.15，p.375（2009）；Gary Winslett，*Critical Mass Agreements：The Proven Template for Trade Liberalization in the WTO*，World Trade Review，Vol.17，No.3，pp.405–426（2018）.

③ WTO，*Negotiations on Services Domestic Regulation Concluded Successfully in Geneva*，Dec. 2，2021；https://www.wto.org/english/news_e/news21_e/jssdr_02dec21_e.htm（last visited May 18，2021）.

2. 为诸边谈判引入创新模式，助力重振 WTO 谈判功能

服务贸易国内规制是世贸组织在近 20 年以来首次实现以诸边谈判方式取得重大突破的议题。相关谈判达成协议，表明世贸组织谈判可以向积极方向前进。这有助于重振世贸组织谈判功能，为世贸组织未来其他议题谈判路径提供重要借鉴。[①] 服务贸易国内规制谈判利用《服务贸易总协定》（General Agreement on Trade in Services，GATS）减让表修改方式载入各成员承诺，并根据 GATS 关于修改承诺表的程序予以实施，不影响未参加成员的贸易利益，无须所有成员的共识决策。在 67 个参与成员中，截至 2021 年底，已有 41 个成员完成了减让表修改。[②]

3.《SDR 参考文件》将有效削减服务贸易成本

近年来由于数字技术等因素的驱动，全球服务贸易迅速发展，按增值统计方式，服务贸易目前已基本占全球贸易的一半左右。《SDR 参考文件》的相关规则旨在优化成员服务业领域许可审批流程，降低企业经营成本，改善全球服务贸易营商环境。根据世贸组织和经合组织的联合研究报告，参考文件的生效将为全球企业参与国际服务贸易每年节省约 1500 亿美元成本，尤其惠及中小微企业，金融、商业、通信和运输服务业收益尤为显著。[③]

4. 在 WTO 诸多协定中首次引入社会条款

《SDR 参考文件》在第 2 节第 22 条"措施制定"（d）款专门规定，成员在制定与授权服务提供等相关措施时，必须确保"这些措施不在服务提供者之间形成性别歧视"。这是 WTO 协议中首次出现社会条款（social clauses）。WTO 目前正在进行谈判或正在酝酿的此类谈判包括"贸易和妇女经济赋权""贸易和可持续发展"等。参考文件中首次纳入性别平等条款，要求各参加方在法律法规中确保男女享有平等参与服务贸易的权利，成为 WTO 支持妇女经

① 参见龚柏华：《论 WTO 规则改革现代化中的诸边模式》，载《上海对外经贸大学学报》2019 年第 2 期；谢理：《诸边贸易协定和 WTO 谈判路径的选择》，载《国际经济法学刊》2019 年第 2 期。

② WTO，*Joint Initiative on Services Domestic Regulation - Schedules of Specific Commitments - Revision*，INF/SDR/3/Rev.1，Dec.2，2021.

③ WTO & OECD，*Services Domestic Regulation in the WTO：Cutting Red Tape，Slashing Trade Costs，and Facilitating Services Trade*，Trade Policy Brief，Nov.19，2021.

济赋权（women economic empowerment）的重要途径。[①]

（三）中国与《SDR 参考文件》的谈判

一直以来，我国持续开展包括服务业在内的改革开放，颁布了《外商投资法》及其配套法规，确立了包括服务业在内的外商投资准入前国民待遇加负面清单管理制度。我国从 2017 年“服务国内规制”诸边谈判启动时即积极参与，不仅联合各方发起谈判，并主动提供方案建议，以实际开放行动履行责任担当。在谈判过程中，我国会同各方积极研提谈判具体问题的解决方案，在必要情况下显示灵活性以寻求共识。在最后阶段，我国及时提交了两份关于具体承诺减让表的草案文件，为顺利完成谈判作出积极贡献。[②]

我国作为全球服务贸易第二大市场，《SDR 参考文件》对我国服务市场的整体营商环境改善和进一步吸引服务业外资有重要作用，有助于中国企业更加便利地在境外设立商业实体、取得经营许可和相关资质，并通过跨境方式提供服务。此外，还有助于降低我国企业进入国际市场的成本，为我国服务贸易高质量发展提供规则保障。目前我国已完成 GATS 减让表修改，将与各方共同推动该谈判成果早日落地生效。

三、《区域全面经济伙伴关系协定》中的服务贸易

《区域全面经济伙伴关系协定》（RCEP）于 2022 年 1 月 1 日正式生效，标志着全球人口最多、经贸规模最大、最具发展潜力的自由贸易区正式落地，体现了中国和缔约方维护多边主义和自由贸易、促进区域经济一体化的关键举措，为亚太区域乃至全球贸易投资增长以及疫后经济复苏作出贡献。[③] 服务贸易自由化及相关承诺是 RCEP 的重点内容之一。RCEP 在沿袭 WTO 服务贸易规则框架的基础上有较大超越，选择性吸收了其他高水平自由贸易协

① WTO, *Services Domestic Regulation - Rationale and Content, Potential Economic Interests, and Increasing Prevalence in Trade Agreement*, Nov. 2021, pp.2–3.

② 新华社：商务部解读 WTO 服务贸易国内规制联合声明倡议谈判成果，2021 年 12 月 8 日，http://www.gov.cn/xinwen/2021-12/08/content_5659345.htm（2022 年 5 月 28 日访问）。

③ 商务部：国际司负责人谈 RCEP 即将生效有关情况，2021 年 11 月 6 日，http://fta.mofcom.gov.cn/article/rcep/rcepnews/202111/46078_1.html（2022 年 1 月 18 日访问）。RCEP 协定文本参见中国自由贸易区网，http://fta.mofcom.gov.cn/rcep/rcep_new.shtml。

定（FTAs）有关服务贸易的新兴纪律和制表模式，并通过制表模式的双轨制、制表模式转化的过渡制、明确缔约方对规则解释与适用的自由裁量权等方式，兼顾不同缔约方的发展水平异质性。本报告重点分析 RCEP 第 8 章“服务贸易”与该章的《金融服务附件》《电信服务附件》，提炼出我国应重点关注的纪律和义务。

（一）关于服务贸易的一般规则（第 8 章）

RCEP 第 8 章规定了服务贸易的一般规则，是协定关于服务贸易的最重要章节。除一般纪律外，该章针对金融服务、电信服务与专业服务制定了三个附件。

1. 第 8 章主要内容及特点

（1）本章核心义务

第 8 章包括正文 25 条和 8–A（金融服务），8–B（电信服务），8–C（专业服务）三个附件。本章核心义务包括：国民待遇、[①]市场准入、[②]最惠国待遇、[③]具体承诺表与不符措施承诺表的自选双轨制、[④]配套具体承诺表的过渡机制，[⑤]以及禁止当地存在要求（local presence）。[⑥]其中，具体承诺表与不符措施承诺表的自选双轨制，以及与之配套的透明度清单与过渡安排，体现出 RCEP 在兼顾缔约方不同发展水平、追求渐进自由化的高度灵活性。

（2）制表模式的自选双轨制：灵活的自由化步调

RCEP 缔约方关于服务贸易市场准入与国民待遇的约束性承诺，可从两种制表模式中自主选择：一种是采用正面清单列表模式的“具体承诺表”（Schedules of Specific Commitments），另一种是采用负面清单列表模式的“不符措施承诺表”（Schedules of Non–Conforming Measures）。RCEP 缔约方的服务贸易发展水平和国内监管能力差异较大，若采用 GATS 或 CPTPP 的单一制表模式则难以调和缔约方之间的利益分歧。因此，RCEP 创造性地采用了灵活

① RCEP，第 8.4 条。

② RCEP，第 8.5 条。

③ RCEP，第 8.6 条。

④ RCEP，第 8.3 条、第 8.7 条、第 8.8 条。

⑤ RCEP，第 8.12 条。

⑥ RCEP，第 8.11 条。

包容的双轨制设计，允许各缔约方自主选择符合其开放需求的制表模式，以差异化步调促进区域内服务贸易的整体自由化。[①]我国等8个成员采用正面清单方式的“具体承诺表”。

（3）现状锁定与棘轮条款：锚定的自由化方向

为自动锁定缔约方在服务贸易方面的自由化进展，包括锁定现有的开放水平以及锁定缔约方未来的自由化成果，确保开放水平不同步的缔约方一起朝着服务贸易自由化的目标同向而行，RCEP对具体承诺表和不符措施承诺表均规定了现状锁定条款（standstill clause）与棘轮条款（ratchet clause），但要求的强度有所差异。[②]一方面，缔约方如采用具体承诺表（如中国），应在承诺表中以“FL”（Future Liberalization，即“未来自由化”）对进一步自由化的部门或分部门加以确定。在这些部门和分部门中，任何承诺表中列入的适用条款、限制、条件、资质，应当限定于该缔约方的现行措施，即现状锁定要求。[③]如一缔约方今后对该措施的修正减少或消除了其与市场准入义务或国民待遇义务的不符性，则该缔约方不得随后以增加该措施与前述义务不符性的方式对该措施进行修正，即棘轮要求。[④]另一方面，缔约方如采用不符措施承诺表，则其制表模式本身已内置了锁定现状要求与棘轮要求。此类缔约方在制定“现有不符措施保留承诺表”时，应承诺该类措施在未来不再加严的义务，并锁定未来的任何自由化措施。[⑤]

根据上述要求，缔约方不论是采用具体承诺表还是不符措施承诺表，均应遵守同等程度的棘轮要求。但就现状锁定要求而言，采用具体承诺表的缔约方，通常也是服务贸易国际竞争力和国内监管能力相对较低的发展中国家，可以通过标注“FL”字样，自主选定遵循现状锁定要求的服务部门。此类差异化安排，显示了RCEP在服务贸易开放承诺上的灵活务实以及对发展中国家

---

① 关于RCEP的混合列表模式解释，See Ministry of Trade and Industry - Singapore，*Understanding the RCEP Services*，Investment and E-Commerce Chapters，pp.10-16.

② 关于这两类条款的具体含义，See European Union，Services and Investment in EU Trade Deals - Using Positive and Negative Lists，Apr. 2016，p.4.

③ RCEP，第8.7.3条。

④ RCEP，第8.7.4条。

⑤ RCEP，第8.8条。

特殊与差别待遇的包容。[①]

（4）与具体承诺表配套的过渡机制

为促进各缔约方的服务贸易自由化，RCEP 针对采用具体承诺表的缔约方设置了专门的过渡机制，规定此类缔约方应在 6 年内将其正面清单转化为负面清单。RCEP 针对具体承诺表设置的过渡机制，规定了明确的操作程序、时限要求及自由化水平基准，较之以往 GATS 和部分 FTAs 中的内置议程更有实操性和约束力。中国应充分利用 6 年过渡期，推进服务贸易对外开放与国内改革，理顺正面清单与负面清单的转化方式。

（5）服务贸易的国内规制（domestic regulation）

RCEP 服务贸易章节不仅要求扩大服务业的市场准入机会，也要确保公平透明的服务贸易环境，使各缔约方的服务及服务提供者获得非歧视待遇。RCEP 国内规制条款试图使其他缔约方服务提供者申请授权的程序更为透明和简化，要求缔约方在可行范围内对此类申请程序建立指示性的框架，通知申请人其申请状态，如果拒绝申请则应提供原因或理由。[②]RCEP 透明度规则义务在整体上较为节制，着力于强化事后环节的信息公布与咨询回应，未对事前和事中环节施加要求。[③] 此外，RCEP 要求缔约方应通过互联网方式发布影响服务贸易的国内法规与国际协定，并在其法律框架所规定的范围，以英文方式提供前述信息。[④]

（6）禁止要求当地存在

RCEP 对依据不符措施承诺表作出承诺的缔约方施加了“禁止要求当地存在”的义务。[⑤]“禁止要求当地存在”（以下简称“禁存义务”）也称“不设立权”，指一国不得将外国服务提供者在当地设立或维持商业存在或成为居民作为允许其通过跨境方式提供服务的前提条件。“禁存义务”适用于跨境服务贸

① Pasha L. Hsieh, *The RCEP: New Asian Regionalism and the Global South*, *Institute for International Law and Justice Working Paper*, 2017/4, New York, pp.46–48; Jane Kelsey, *Regional Comprehensive Economic Partnership (RCEP) Services Chapter: Risks for Developing Countries' and LDCS' Policy Space and Regulatory Sovereignty* (2016), at 2–7.

② RCEP，第 8.15 条。

③ RCEP，第 8.14 条。

④ RCEP，第 8.14 条。

⑤ RCEP，第 8.11 条。

易的三种模式，即跨境提供、境外消费和自然人移动。在网络信息技术迅速发展的背景下，该规则降低了服务提供者（特别是中小微企业）通过网络等跨境方式提供服务的固定成本，对于电子商务/数字贸易的发展、跨境服务贸易的自由化具有重要的促进意义。[①] 除了要求设立当地存在，“禁止要求成为居民”是“禁存义务”的另一体现。应该注意的是，对公司董事会、高管人员等的特定国籍要求不属于“要求成为居民”类的当地存在要求，在负面清单中涉及不同义务，应予以分别列明。

2. 我国法律法规与RCEP服务贸易一般性规则的衔接

RCEP服务贸易规则的特点和要求，对我国完善服务贸易国内规制、促进制度型开放提出了更高要求和标准。我国需在详细梳理国内涉及服务贸易的众多法律法规基础上，进一步提高我国服务市场的开放水平，同时着眼于高水平制度型开放，做好相关国内法的因应和调整。

（1）从法律上和技术上重视不符措施列表，真实反映我国的开放水平及意图

RCEP在服务贸易承诺制表模式的自选双轨制，为我国探索高水平服务贸易开放提供了必要缓冲；而RCEP设置的向不符措施承诺表过渡的6年时限，以及相配套的现状锁定条款与棘轮条款，对我国负面清单制表能力提出了更为现实而紧迫的要求。鉴于RCEP规定采用具体承诺表作出承诺的缔约方应在协定生效后3年内启动提交不符措施建议承诺表，我国应在提交该不符措施建议承诺表之前梳理好各部门、各行业涉及服务贸易的法律法规，特别是厘清“跨境提供”“境外消费”“自然人移动”三类跨境服务贸易的开放现状与监管要求，理顺服务贸易的“商业存在”开放与相关服务业的投资开放之间的内在关系，为全面采用负面清单列表方式做好准备。

（2）考虑当地存在要求的存废，加强监管能力与合作

RCEP对采用不符措施承诺表作出承诺的缔约方施加了“禁存义务”。在信息通信技术和电子商务/数字贸易环境下，“禁存义务”对于确保跨境服务贸易自由化起着重要作用。相较GATS而言，“禁存义务”是一项值得重视的新义务。我国目前在电信、空运服务的销售和营销等服务中规定了当地存在

① 参见石静霞、鄢雨虹：《论跨境服务提供中的禁止要求当地存在规则——兼论对我国服务市场开放的启示》，载《上海对外经贸大学学报》2020年第3期。

要求。例如，在GATS承诺表中，我国对基础电信、增值电信、移动话音和数据服务、国内服务的模式一（跨境提供）所做的承诺为“见模式三”。对模式一的承诺见模式三，实际上即要求服务提供者如果通过跨境提供模式向我国消费者提供电信服务，须以在我国设立商业存在为前提。这是较为典型的当地存在要求。按照RCEP过渡机制的要求，我国在期满后应转为“不符措施承诺表”的承诺模式，这意味着我国将在RCEP项下受到“禁存义务”的约束。“禁存义务”对我国服务业的监管能力提出了新挑战，应加强我国对服务贸易监管能力建设，并寻求关于国际监管的合作，为跨境服务贸易的有序提供和监管奠定良好的法治基础。

（二）金融服务附件[①]

1. RCEP《金融服务附件》的主要内容

《金融服务附件》以缔约方条约义务为中介，要求缔约方的自律组织履行金融服务开放的国民待遇义务，以间接扩张义务主体的方式，确保国民待遇义务的落实。附件第10条规定，如一缔约方要求另一缔约方的金融机构成为一自律组织成员，方可在其领土内提供金融服务，缔约方应确保其自律组织遵守该缔约方在服务贸易章节项下的国民待遇义务。[②]为顺应数字经济背景下金融服务创新与贸易发展的需要，附件纳入了有关新金融服务的国民待遇要求，[③]并为金融信息的跨境转移与处理提供了基本保障。[④]每一东道国应当致力于允许在其领土内设立的另一缔约方的金融机构在该东道国领土内提供东道国无需通过新法律或者修改现行法律即允许其本国金融机构在类似情况下提供的新金融服务。缔约方既不得阻止其领土内的金融服务提供者为进行日常营运所需的信息转移，包括通过电子方式或其他方式进行数据转移；也不得妨碍其领土内金融服务提供者进行日常营运所需的信息处理。[⑤]

金融服务业的高风险性决定了其“重监管”的特征，而不透明的监管程

---

① RCEP，第8章附件A。

② RCEP，第8章《金融服务附件》第10条。自律组织是指任何非政府机构，包括任何证券或期货交易所或市场、清算或支付结算机构或其他下列组织或者协会，具有被认可的自律组织资质并依据立法授权行使监管权。《金融服务附件》第1条f款。

③ 《金融服务附件》第3条。

④ 《金融服务附件》第9条。

⑤ 《金融服务附件》第11条。

序与监管要求将极大地减损金融服务开放承诺的实效。附件设置了覆盖“事先—事中—事后”全环节的金融监管透明度规则，其规则的广度、深度与力度，远超第8章正文针对一般服务贸易所设置的透明度纪律水平。缔约方应当确保适用于本附件的所有普遍适用的措施以合理、客观和公正的方式实施，且此类普遍适用的措施应立即公布或以其他方式使公众周知。① 为防止缔约方滥用例外条款，该条强调，此类措施不得以构成任意或不当歧视的方式适用，也不能对金融机构投资或金融服务贸易构成变相限制。缔约方根据附件规则在新金融服务以及信息跨境转移处理方面履行自由化义务的同时，也享有充分的监管裁量权。就新金融服务而言，缔约方有权根据其国内法律法规，以符合国民待遇的方式对新金融服务的提供施加许可、机构或法律形式及其他要求。②

2. 我国法律法规与 RCEP《金融服务附件》的衔接

RCEP《金融服务附件》代表了我国金融领域的最高承诺水平。首次引入了新金融服务、自律组织、金融信息转移和处理等规则，就金融监管透明度作出了高水平承诺，在预留监管空间维护金融体系稳定、防范金融风险的前提下，为各方金融服务提供者创造了更加公平、开放、稳定和透明的竞争环境。这些规则将不仅有助于我国金融企业更好地拓展海外市场，还将吸引更多境外金融机构来华经营，为国内金融市场注入活力。RCEP 关于新金融服务、信息转移和处理等条款既为中资金融机构创新业务模式和海外数据传输带来了新的便利，同时也对中国金融开放水平、风险防控和数据安全管理提出了更高要求。③

（1）我国金融领域数据安全立法与关键基础设施立法

RCEP 第9条要求缔约方不得阻止其领土内的金融服务提供者为进行日常营运所需的信息转移，包括通过电子方式或其他方式进行数据转移，也不得阻止其领土内金融服务提供者进行日常营运所需的信息处理。但同时该条第1款也规定，“缔约方认识到，每一缔约方可就信息转移和信息处理设置其管理要求”，即尊重并鼓励各国建立自己的信息跨境流动规则。我国在金融服务方

---

① 《金融服务附件》第7条。

② 《金融服务附件》第3条第2款。

③ 廖媛媛、马兰：《RCEP 对中国金融业的影响》，载《中国金融》2021年第7期。

面采取了进一步开放的姿态，《金融服务附件》中也首次引入了新金融服务、自律组织、金融信息转移和处理等规则，就金融监管透明度作出了高水平承诺。[①]

金融行业因其行业特性，对于数据资源的利用率及时效性有较高要求。近年来，金融业与科技相结合的趋势也加剧了对金融数据流动效率与区域间数据保护壁垒间的矛盾。因此 RCEP 框架鼓励加强多边金融数据流动规则建立，促进金融数据在区域间的有序高效流动。我国应进一步建立和完善数据安全和个人信息保护的法律制度体系，在突出金融行业监管的监管作用，强化金融业机构等日常数据合规建设的前提下，加强金融数据跨境流动规则的自由度与多元化。[②] 应综合把握 RCEP《金融服务附件》设置的审慎措施规则、金融服务例外规则、新金融服务监管裁量权、信息转移与处理监管裁量权，结合 RCEP 第 17 章有关“关键公共基础设施”的安全例外条款，强化我国金融安全治理体系与治理能力。

（2）“禁存义务”的排除适用与金融机构的当地存在要求

第 8 章针对一般服务贸易设置的“禁存义务”不适用于本附件所涵盖的服务，这意味着 RCEP 下一缔约方有权要求另一缔约方的金融服务提供者在当地设立或维持商业存在，或要求其符合当地居民身份，以此作为允许其通过跨境方式提供服务的前提条件。RCEP《金融服务附件》对“禁存义务”的排除适用，降低了 RCEP 对我国现有金融准入与监管机制的冲击，为我国渐进有序地推进金融开放提供了规则支撑。

（三）电信服务[③]

1. RCEP《电信服务附件》的主要内容

RCEP 第 8 章《电信服务附件》包括 23 个条款，主要确立缔约方政府在电信服务监管方面的保证义务，特别是确保本国存在公平竞争有序的电信服务市场以及为其他缔约方电信企业进入本国电信服务市场提供服务等。在电信监管模式上，鉴于各国对电信服务的监管模式不同，RCEP 允许缔约方对电信服务采取不同的监管方式，包括直接监管、依靠市场力量运行或其他监管

---

① RCEP，《附件二：服务具体承诺表 中国》。

② 叶鹏、郭富城：《RCEP 语境下，金融数据跨境规制的探讨与展望》，载天达共和律师事务所网站，http://www.east-concord.com/zygd/Article/202012/ArticleContent_1977.html（2022 年 5 月 29 日访问）。

③ RCEP，第 8 章附件 B，电信服务。

模式，但无论采取何种监管方式，均不得歧视提供者、注重保护消费者利益及维护公共利益。[①] 附件要求缔约方确保其电信监管机构的独立性和公正性，监管机构应独立于任何公共电信服务提供者，并且不对其负责。监管机构作出的监管决定和使用的程序，应公平对待所有市场参与者。[②]

在电信服务领域，外国提供者对东道国公共电信服务的接入和使用是提供服务的关键。对此，针对公共电信服务提供者的义务，RCEP《电信服务附件》明确了缔约方公共电信服务提供者在互联互通、号码携带和获得号码等方面的义务，并就主要运营商给予公共电信服务的待遇进行了规定。[③] 附件要求在此类接入和使用上应按照合理、透明和非歧视的条件进行，但对这些义务允许一些例外，包括缔约方基于信息安全与机密、用户个人数据隐私等。例外措施不得歧视或构成变相的贸易限制措施等。在与主要运营商的互联互通方面，附件规定了一般条款与主要运营商互联互通的选择以及互联互通报价和协议的公开提供等。[④] 为保障电信服务领域的充分竞争，附件对反竞争行为的竞争保障、转售、主要运营商网络因素的分类计价进行了规定。[⑤] 此外，技术中立对于电信服务而言是关键问题之一。对此协定明确了服务提供者在技术选择方面的灵活性，要求缔约方保证技术中立，即缔约方不得阻止公共电信提供者选择为其提供服务而愿意使用的技术等。[⑥] 最后，在电信争端解决方面，附件规定，针对本协定项下的争端缔约方应保证另一缔约方的公共电信服务提供者可以及时诉诸电信监管机构或争端解决机构；当电信监管机构最终裁决或决定不公正对待公共电信服务提供者时，后者能够根据其法律法规获得对此类裁决或决定的复议。[⑦]

2. 我国法律法规与 RCEP 电信服务规则的衔接

总体上，RCEP 电信服务章节相较于 GATS 规定了更高的标准和更具体的

---

① RCEP，第 8 章附件 B，电信服务，第 3 条。

② RCEP，第 8 章附件 B，电信服务，第 12 条。

③ RCEP，第 8 章附件 B，电信服务，第 5 条、第 9 条、第 15 条。

④ RCEP，第 8 章附件 B，电信服务，第 4 条。

⑤ RCEP，第 8 章附件 B，电信服务，第 6 条、第 8 条、第 19 条。

⑥ RCEP，第 8 章附件 B，电信服务，第 21 条。

⑦ RCEP，第 8 章附件 B，电信服务，第 23 条。

义务，旨在确保包括有关获得和使用电信服务、竞争性保障、电信网络互连、电信监管机构独立、透明度等方面的关键义务，在深度和广度上均对我国的电信服务规则提出了新要求。我国电信服务贸易规则自入世以来，虽然在不断完善和开放，但目前在监管独立性、电信立法及电信服务转售限制等方面与 RCEP 对电信服务自由化的要求还有一定距离，应继续优化监管独立性、透明度、市场准入等方面的国内法律法规及实施机制。

四、双边层面：投资协定中的服务业开放

（一）《中欧全面投资协定》

《中欧全面投资协定》（China-EU Comprehensive Agreement on Investment，以下简称 CAI 或协定）谈判自 2013 年正式启动，历经 35 轮谈判后于 2020 年 12 月 30 日完成。这是 2009 年《里斯本条约》将外国直接投资纳入欧盟“共同商业政策”专属权能后，[①] 欧盟对外缔结的第一个投资协定，也是继 1985 年《中欧贸易与经济合作协定》以来中欧经贸关系中最重要的双边法律文件。尽管目前 CAI 的批准生效因受中欧关系影响而面临不确定因素，但在规则层面上，CAI 与我国 2020 年 11 月 15 日签署的 RCEP 共同构成我国近年来构建国际经贸条约版图的两个里程碑。与我国之前已签订的 100 多份双边投资协定（Bilateral Investment Treaties，以下简称 BIT）和 17 份自由贸易协定（Free Trade Agreement，以下简称 FTA）中的投资章节相比，CAI 规则具有明显的全面性和先进性，代表了我国现阶段商签经贸条约的新范式。虽名为投资协定，但 CAI 不仅涵盖投资自由化内容，而且包括大量的服务贸易自由化内容。[②]

1. 侧重于服务业的投资自由化

与早期国际投资协定侧重于投资促进和保护相比，晚近投资协定发展的一个主要特点在于促进投资自由化和便利化，即投资市场准入和相适应的监

---

① Treaty of Lisbon – Amending the Treaty on European Union and the Treaty Establishing the European Community, 2007/C306/01, effective as of December 1, 2009, Article 188 A, Article 188 C. 欧盟共同商业政策（common commercial policy）建立在关税同盟与商业关系上，是欧盟以超国家的专属权能代表成员国统一对外谈判和制定国际经贸规则的依据。

② 本报告依据的 CAI 文本及附件基于欧盟根据透明度要求在其网站上公布的版本，详见 https://trade.ec.europa.eu/doclib/press/index.cfm?id=2237（last visited May 20, 2022）。根据说明，该文本在双方完成国内批准程序和协定生效前，仍需经文字用语、条文编号或顺序调整等技术层面的修改。

管框架。这种趋势与各国对投资协定促进外国直接投资流向的作用相关。[①] 我国传统上签署的 BIT 重在投资保护，但随着我国自贸区 / 港的建设和《外商投资法》的颁布实施，准入前国民待遇加负面清单模式的开放模式实质性地扩大了外资在我国的市场准入水平，为我国商签经贸条约中的投资自由化奠定了基础。在欧盟层面，随着《里斯本条约》的生效，外国投资在欧盟对外关系中的作用日益得到重视。与成员国之前对外签署的 BITs 不同，欧盟近年来在 FTAs 投资章节中将投资自由化作为主要目标之一。[②] 顺应上述趋势，在规定了序言、目标和基本定义后，CAI 第二部分集中于投资自由化，包括 7 个条款，涉及以负面清单（或不符措施）方式承诺的市场准入、履行要求、对外资的非歧视待遇以及为从事商业目的的自然人临时停留等内容。[③] 结合中欧双方的具体承诺附件看，CAI 在投资自由化领域一方面固化了我国近年来在国内法和自贸区 / 港进行的外资准入变革和承诺，另一方面也有不少创新性规则。

CAI 全面性的一个重要体现在于其虽为投资协定，但所适用的行业包含了许多关键的服务业投资，并确立了服务市场进一步开放的纪律规制。这既是由欧盟对我国直接投资状况所决定的谈判重点，[④] 也反映了欧盟近年来所签协定中将贸易和投资规则加以融合的特点。[⑤] 借助投资与服务贸易之间的密切联系，CAI 是我国迄今为止签订的投资协定中涵盖服务自由化承诺和纪律最多的经贸条约。鉴于我国目前与世界上主要发达经济体所签的 FTAs 数量较为有限，CAI 所包含的服务贸易自由化是我国对外商签投资条约新范式的体现。

---

① See Inose Takamichi, "The Evolution of Investment Liberalization under the Recent Investment Treaties", (2020) 16 (5) *Public Policy Review* 1, pp.3–12.

② See Angelos Dimopoulos, "Shifting the Emphasis from Investment Protection to Liberalization and Development: The EU as a New Global Factor in the Field of Foreign Investment", (2010) 11 (1) *Journal of World Investment and Trade*, pp.5–27.

③ CAI, Section II (Investment Liberalization).

④ 参见商务部:《中国外资统计公报（2021）》, http://images.mofcom.gov.cn/wzs/202111/20211125164038921.pdf, 第 11 页, 2021 年 11 月 15 日（2022 年 5 月 30 日访问）。

⑤ See, e.g., Amokura Kawharu, "Punctuated Equilibrium: The Potential Role of FTA Trade Commissions in the Evolution of International Investment Law", (2017) 20 (3) *Journal of International Economic Law*, p.87.

CAI的全面性还体现于其所适用的行业承诺方式，即不符措施列表形式，或称“负面清单”。作为列表方式而言，采用正面清单和负面清单并不直接或当然体现开放水平的高低，甚至可以达到事实上相同的开放效果。[①] 近年来，我国在属于自主自由化开放措施的国内自贸区/港建设中对负面清单方式的作用已高度重视，但国内清单在内容、形式、公众参与等方面与经贸协定中的不符措施列表有不少区别。[②] 此外，负面清单对谈判方的列表能力有很高要求，对现存不符措施和未来不符措施的列表要求谈判者对各行业发展现状和未来趋势及本国利益的动态发展有熟练把握或预测。[③] 这也是我国在经贸条约中通过负面清单方式进行承诺所面临的挑战。

从目前欧盟公布的CAI文本来看，中欧双方附件各包括四方面内容，在形式上虽不完全一致，但无实质性区别。其中附件一和附件二分别为现存不符措施和未来不符措施，所涉义务包括国民待遇、最惠国待遇、履行要求和高管人员及董事会四个方面。附件三是关于市场准入的特定承诺及限制，即与投资自由化义务不一致的措施。该附件包含了产业分类信息，主要涉及服务业。[④] 附件四则是有关公司内部人员调动和商务访客的入境及临时居留方面的保留或限制措施。[⑤] 我国在附件一中列入36个条目（entries），绝大部分条目中的义务仅涉及国民待遇。附件二列入17个条目，所涉义务除国民待遇外也包括其他类别。我国在CAI附件中所做的全面具体的开放承诺回应了欧盟企业进入我国市场的大部分关切，包括欧盟投资较为集中的服务领域的大幅开

① See Rudolf Adlung & Hamid Mamdouh, “How to Design Trade Agreements in Services: Top Down or Bottom Up?”, (2014) 48 (2) *Journal of World Trade*, pp.191–218.

② See Jie (Jeanne) Huang, “Nationwide Regulatory Reform Starting from China’s Free Trade Zones: The Case of the Negative List of Non–Conforming Measures”, in Julien Chaise (ed.), *China’s International Investment Strategy-Bilateral, Regional, and Global Law and Policy* (Oxford University Press, 2018), pp.93–98.

③ See Rodrigo Monardes V, “Challenges for Countries in Trade in Services’ Negotiations with the NAFTA Approach, The Experience of Chile in the Free Trade Agreement with the United States”, (2016) 5 (1) *British Journal of American Legal Studies*, pp.390–392.

④ 这些措施来源于目前为商务部发布的《外商投资准入特别管理措施（负面清单）》（2019年版）。谈判者特别注明在CAI正式签署前，我国将更新并援引最新版清单。China – EU Investment Agreement Negotiation – Schedules of China, Negotiator's Note, p.5. 附件三的列举依据为CAI第二部分第2条（市场准入）。

⑤ CAI – Schedules of China.

放，如金融、电信、医疗、环境服务等。与 GATS 承诺表相比，我国在这些领域大幅放宽了准入限制，包括云计算等新型服务业。CAI 是目前我国对外签订的所有经贸条约中唯一对服务业投资采取负面清单方式的协定，[①] 将为我国未来更多采取这种列表方式积累经验。欧盟列表中包含欧盟层面措施和各成员国措施，在附件一列入 15 项保留（reservations），附件二列入 22 项保留。这些保留绝大部分涉及服务业，多数保留所涉义务不止一项。[②]

CAI 投资自由化的排除范围对服务业也有特别关注。除了 GATS 对政府服务、航空运输及附属服务等事项的排除以外，CAI 首先排除的是视听服务业。[③] 视听服务是数字化时代服务业的重要组成部分。基于传统上对文化多样性的保护，欧盟在其签订的经贸协定中一贯排除视听服务方面的义务。[④] 对我国而言，视听服务在现阶段涉及网络文化产业发展、文化产品内容审查等诸多敏感问题。CAI 对视听服务的排除应该说契合了双方在该领域行使规制权的需要。

2. 金融服务的监管框架

CAI 在“监管框架”第三节专门规定了“金融服务”，涉及范围及定义、审慎例外、高效和透明监管、信息转移和处理、新金融服务、特定例外、自律组织及清算和支付系统等条款。作为投资协定，CAI 对金融服务监管框架的规定既是协定在体例和内容上的创新，也凸显缔约方对金融市场开放的特别关注，其内容反映了中欧在金融服务监管方面的新趋势。

第一，市场开放和东道国监管权的并重。在市场开放方面，CAI 涵盖的金融部门包括保险、与保险相关的服务以及银行和其他金融服务。相较 GATS，我国在 CAI 中的金融开放承诺部门增加，如在银行和其他金融服务项下包括

---

① 在 RCEP 项下，我国目前对投资领域的承诺采用负面清单模式，但排除了服务业投资，因此服务业具体承诺表仍采取正面清单模式。RCEP，Annex II，Schedule of Specific Commitments for Services – China.

② CAI – Schedules of European Union.

③ CAI，Section Ⅱ，Article 1（Scope of Application）.

④ See Antonios Vlassis，“European Commission，Trade Agreements and Diversity of Cultural Expressions：Between Autonomy and Influence”，（2016）31（4）*European Journal of Communication*，pp.446–461；Lucia Bellucci，“The Notion of ‘Cultural Diversity’ in the EU Trade Agreements and Negotiations：New Challenges and Perspectives”，（2016）2（2）*Italian Law Journal*，pp.433–444.

了担保和承诺、货币经纪、资产管理、金融资产的结算和清算服务等。[①]CAI在开放金融市场的同时注重东道国的规制权，通过审慎例外、金融服务例外及有效和透明监管等条款，为保证本国金融系统的安全和稳定留下监管空间。

第二，市场开放和公平竞争的统一。鉴于中欧近年来已不断取消各类金融服务壁垒，CAI 对金融服务监管框架的重点转向双方的监管规则协调，在金融服务提供的许可、资质要求、交易机会和资格授予以及对新金融服务的监管等方面，均要求给予同等待遇。

第三，兼顾金融创新与风险防范。CAI 对金融创新的关注体现于新金融服务和对金融科技监管沙盒（regulatory sandbox）的约束。[②]为促进对新金融服务的包容和审慎监管，CAI 要求缔约方对金融服务提供者尽力努力给予同等待遇，包括自贸试验区和自贸港先试先行时应符合非歧视要求，但继续保留审慎监管例外。这表明 CAI 试图回应中欧双方实施金融科技监管沙盒的现状，并对此类监管施加了非歧视要求。

第四，关于金融信息的转移和处理。这是 CAI 关于金融服务的另一突破性规定，涉及数据跨境流动问题。金融业是最体现数据密集型特点的现代服务业之一，涉及大量的客户敏感数据及隐私。在数据跨境流动中对金融信息是否需要给予特殊待遇存在争议。[③]CAI 明确要求缔约方在不违反东道国基于审慎原因的监管要求前提下，原则上不得阻止其领土内的金融服务提供者就日常营运所需要的信息进行处理和转移。

---

① 这些国际公认标准包括但不限于 G20、金融稳定委员会、巴塞尔银行监管委员会、国际保险监管者协会、国际证监会组织、反洗钱金融特别行动工作组以及税收透明度和信息交换全球论坛等组织采纳的标准。

② 2016 年英国启动金融科技监管沙盒计划，旨在金融科技创新和有效管控风险中找到平衡。See Guilio Cornelli *et. al.*, *Inside the Regulatory Sandbox: Effects on Fintech Funding*, BIS Working Paper, No. 901, Nov. 9, 2020. 参见陈佩、孙祁祥：《多元共治：创新与监管的平衡——基于“监管沙盒”理论依据与国际实践的思考》，载《保险研究》2019 年第 3 期，第 27—35 页。目前包括我国在内的约 40 多个国家和地区实施了金融创新监管沙盒。中国人民银行于 2019 年 2 月启动金融科技监管的创新试点工作，已覆盖北京、上海等地区。

③ See Nigel Cory & Robert D. Atkinson, *Financial Data does not Need or Deserve Special Treatment in Trade Agreements*, Information Technology and Innovation Foundation (ITIF), Apr. 2016. 该报告认为，CPTPP 中对金融服务数据跨境处理的特殊规定传递了危险信号，即为监管需要可以对金融服务数据施加当地存储要求，这将引发越来越多的数字保护主义政策。

在逆全球化抬头甚至盛行之际，CAI所包含的服务业开放规则及承诺向全球展现了我国的制度型开放承诺和创新社会治理的良好形象。中欧间并不存在明显的地缘政治冲突，因政治层面的影响而冷却CAI这一重要谈判成果并不符合双方利益。CAI的达成殊为不易，中欧应在既有成果基础上对未来双边关系进行客观评估和理性判断，在求同存异基础上积极预防更大的负外部性发生，使来之不易的谈判成果发挥条约作用，方能裨益于双方长足的经贸发展和共同利益。

（二）《中毛自由贸易协定》中的服务贸易

毛里求斯被称为“非洲的离岸天堂”（offshore haven）。[①]2017年12月，中毛双方启动自由贸易协定谈判。经过四轮谈判，2019年10月17日，中毛双方签署《中华人民共和国政府和毛里求斯共和国政府自由贸易协定》（以下简称《中毛FTA》）。《中毛FTA》于2021年1月1日生效实施。[②]

《中毛FTA》包括序言、17个章节和3个附件，总体上实现了全面、高水平和互惠。在服务贸易方面，《中毛FTA》第7章规定了“服务贸易”。本章包括24条内容，在规则层面上与GATS并无显著区别。本章包括三个附件，附件一为金融服务、附件二为自然人流动、附件三为中医药合作。在服务贸易的具体承诺方面，《中毛FTA》采取正面清单列表，在100多个服务分部门作出了总体水平相当、利益平衡的开放承诺，并同意在农业、金融、医疗、旅游等多个领域开展经济技术合作。《中毛FTA》是毛方迄今在其服务领域开放水平最高的自贸协定。毛方在金融、教育、建筑、旅游、健康等11个服务领域作出承诺，分部门超过130个。中方则在商业服务、金融、交通等领域大幅放宽对毛市场准入限制，总体开放水平远超GATS承诺。

从附件内容看，首先，金融服务是中毛双方的重点合作领域之一。在规则方面，《中毛FTA》就金融服务制定了单独附件，双方同意将在国内规制、监管透明度、承认等领域加强合作。在市场准入方面，毛里求斯在保险、银行、证券等服务部门对中方作出高水平开放承诺，允许中国企业在毛设立商业存

---

① John Njiraini, Mauritius: Africa's Offshore Haven, Global Finance, Dec. 9, 2019, https://www.gfmag.com/magazine/december-2019/mauritius-africas-offshore-haven（last visited Jan. 28, 2022）.

② 《中毛FTA》的中英文文本见中国自由贸易区网，http://fta.mofcom.gov.cn/mauritius/mauritius_special.shtml（2022年5月28日访问）。

在，并给予国民待遇。中方则在加入世贸组织承诺基础上，纳入金融领域最新开放政策。《中毛FTA》将为中毛金融机构进入双方市场创造良好营商环境和发展机遇，也将为推动两国金融部门更紧密和更深入的合作提供契机。[①]其次，毛里求斯对服务的开放亮点之一是在自然人流动方面。中国公民可以去毛里求斯开放的服务部门开展业务，我国赴毛人员主要包括商务访问者、合同服务提供者、毕业实习生、公司内部调动人员等。[②]最后，毛方对我国首次完全开放中医服务市场，同意全面加强中医药交流合作，有利于我国中医药走出去。[③]

电子商务也是双方共同关注的议题。根据《中毛FTA》第11章（“电子商务”），双方同意开展法律法规、政策和实践经验的信息交流与分享，共同加强研究和培训，促进数字证书和电子签名的互认，提升贸易管理文件电子版本的接受度，共同营造良好发展环境，为企业提高效率、开拓市场提供更大便利。

五、2021年中国国际服务贸易发展及相关重要立法和文件

（一）中国2021年的服务贸易发展概要

从统计数据看，尽管受新冠肺炎疫情影响，2021年中国服务贸易仍保持了较快增长速度。全年服务进出口总额达52982.7亿元人民币，同比增长16.1%。[④]2021年国际服务贸易发展主要呈现出以下几个特点：第一，知识密集型服务贸易稳定增长。知识密集型服务涵盖的部门一般是金融、教育、知识产权使用费、电信计算机和信息服务等。2021年，知识密集型服务进出口23258.9亿元，同比增长14.4%。[⑤]金融服务、电信计算机和信息服务进出口增速很快，分别为31.1%和19.3%。第二，运输服务进出口大幅增长。自新冠肺炎疫情发生以来，海外对防疫物资等商品的需求大量激增，但因疫情防控措施导致

---

① 《中国—毛里求斯自由贸易协定》第7章附件一“金融服务”。

② 《中国—毛里求斯自由贸易协定》第7章附件二“自然人流动”。

③ 《中国—毛里求斯自由贸易协定》第7章附件三“中医药合作”。

④ 《商务部服贸司负责人介绍2021年全年服务贸易发展情况》，载商务部网站2022年1月30日，http://www.mofcom.gov.cn/article/xwfb/xwsjfzr/202201/20220103277846.shtml（2022年5月25日访问）。

⑤ 其中，知识密集型服务出口12623.9亿元，增长18%，知识密集型服务进口10635亿元，增长10.4%。同上注。

海运以及空运运力的严重不足和海运价格的急剧上升。运输服务伴随货物贸易的增长而大幅增长，成为服务贸易十二大领域中增长最快的领域。[①] 第三，旅行服务进出口继续下降。新冠肺炎疫情对旅行服务进出口的影响很大且仍在持续。如剔除旅行服务，中国2021年服务进出口则呈明显上扬之势。[②]

2021年度服务贸易统计数据表明：一是全球服务贸易受到冲击，由于各经济体服务贸易结构存在差异，因此对各经济体的服务贸易影响各有不同。以知识密集型为主要结构的国家或经济体受到的冲击相对较小，而以旅行为主要结构的国家或经济体受到的冲击则相对较大；二是在新冠肺炎疫情冲击下，我国服务贸易结构发生改变，以旅行服务为主要进口的服务贸易受到较大影响，引起我国服务贸易结构改变；三是我国持续深化改革开放，推动自由贸易试验区建设，营商环境不断优化，服务业基础不断夯实，成为我国指数相对稳定的主要内因。[③]

（二）与服务贸易相关的重要法律法规及文件

数字贸易是国际服务贸易的重要部分，近年来已成为全球经贸规则重构的新兴领域。特别是新冠肺炎疫情促使全球加速进入数字时代，围绕数字服务贸易领域的市场准入、跨境数据流动、数据本地化等标准与规则竞争日趋激烈。[④] 我国已正式提出申请加入全面渐进的跨太平洋伙伴关系协定（Comprehensive and Progressive Trans-Pacific Partnership，CPTPP）和《数字经济伙伴关系协定》（Digital Economic Partnership Agreement，DEPA），[⑤] 彰显了持续扩大数字经济

---

① 2020年，运输服务进出口16821.5亿元，增长61.2%。其中运输服务出口8205.5亿元，增长110.2%，运输服务进口8616亿元，增长31.9%。同上注。

② 2020年，我国旅行服务进出口7897.6亿元，下降22.5%。剔除旅行服务，2020年我国服务进出口增长27.2%，与2019年同期相比增长30.9%。同上注。

③ 国际贸易经济合作研究院：《全球服务贸易发展指数报告（2021）》。

④ World Economic Forum, Digital Trade in Services and Taxation, White Paper, October 2021, pp.5–9.

⑤ 2021年9月16日，中国向CPTPP保存方新西兰提交了中国正式申请加入CPTPP的书面信函。《中方正式提出申请加入〈全面与进步跨太平洋伙伴关系协定〉（CPTPP）》，载中国政府网9月16日，http://www.gov.cn/xinwen/2021-09/16/content_5637879.htm（2022年5月22日访问）。2021年11月1日，中国向CPTPP保存方新西兰提交了中国加入DEPA的正式申请。《中方正式提出申请加入〈数字经济伙伴关系协定〉（DEPA）》，载商务部网站2021年11月1日，http://www.mofcom.gov.cn/article/syxwfb/202111/20211103213288.shtml（2022年5月22日访问）。

领域高水平开放的基本态度。在国内法层面上，2021年中国在推动数字贸易和数据跨境流动等方面有持续进展。除2017年实施的《网络安全法》外,《个人信息保护法》和《数据安全法》在2021年通过并实施。这三部法律共同构建起中国的一般数据尤其是个人信息和重要数据本地化存储、数据出境需遵守安全评估和安全审查相结合的总体框架。此外,《网络安全审查办法》于2021年11月16日通过,《数据出境安全评估办法（征求意见稿）》于2021年11月2日发布，[①]2021年11月1日,《网络数据安全管理条例（征求意见稿）》相继发布。

1.《数据安全法》

《数据安全法》于2021年9月1日起施行。该法进一步规范数据跨境流动规则，为我国跨境数据的依法有序自由流动提供有力保护。根据《数据安全法》和《网络安全法》的相关规定，一般数据在遵循平等互惠等原则基础上基本可实现自由流动，但可能受到三方面限制：一是对于自愿参与关键信息基础设施保护体系的一般数据，依据关键信息基础设施收集和产生数据的跨境流动规则进行审查。二是一般数据的处理活动如果影响或可能影响国家安全也应进行国家安全审查。三是依据平等原则对一般数据的跨境流动进行限制。重要数据的跨境流动则应遵循法律法规确立的出境安全审查规则。依据数据处理主体的不同，重要数据分为关键信息基础设施运营者收集和产生的重要数据以及其他数据处理者收集和产生的重要数据。对于关键信息基础设施运营者收集和产生的重要数据的跨境流动,《数据安全法》要求依据《网络安全法》相关规定进行安全审查。国家核心数据的跨境流动则遵循更为严格的审查规则。

《数据安全法》确立的数据跨境流动规则契合当前我国数据跨境流动的发展趋势，有利于我国应对网络安全风险。根据相关国际经贸协定的发展趋势，在适用数据跨境流动规则时，应注意两个问题：第一，平衡好安全与发展的关系，推动跨境数据的安全自由流动。应注意的是，对于不同等级、不同类别的国家安全风险应确立不同的处理方式。对那些可能产生特定国家安全风险的数据跨境流动，应进行严格限定；对一般数据则应持更开放包容的态度，通过数据安全促进数据的跨境自由流动和数据产业的发展。第二，合理构建数

① 《数据出境安全评估办法》于2022年7月7日发布。

据分级分类管理制度。在《数据安全法》实施过程中应进一步明确“重要数据”的具体内涵和判断标准，并统筹“重要数据”的认定授权和认定程序，确保数据分级分类管理制度的有效实现。

2.《个人信息保护法》

2021年8月20日，《个人信息保护法》通过，并于2021年11月1日起生效实施。《个人信息保护法》与《网络安全法》、《数据安全法》一起构建我国网络空间治理和数据保护的法律体系。《个人信息保护法》进一步完善了关于个人信息出境的管理规定，在《网络安全法》基础之上，增加了专业机构的个人信息保护认证、国家网信部门的标准合同等方式，增加了个人信息出境的合法路径，包括安全评估、[①]保护认证、标准合同等。[②]《个人信息保护法》中还规定了个人信息可以跨境提供的特殊方式，如法律、行政法规或者国家网信部门规定了其他的条件的，以及我国缔结或者参加的国际条约、协定的对向境外提供个人信息的条件等有规定的，可以适用其他规定。

针对个人信息出境，除第38条规定的一般性条件外，《个人信息保护法》还明确了两项特殊性要求。一是单独同意。根据《个人信息保护法》第39条的规定，个人信息处理者向中华人民共和国境外提供个人信息的，应当向个人告知境外接收方的名称或者姓名、联系方式、处理目的、处理方式、个人信息的种类以及个人向境外接收方行使本法规定权利的方式和程序等事项，并取得个人的单独同意。二是“同等保护水平”和“问责制”。向境外提供个人信息的，个人信息处理者应当采取必要措施，保障境外接收方处理个人信息的活动达到本法规定的个人信息保护标准。[③]这一要求体现了主要国家和地区立法中通用的“同等保护水平”的思路。

上述立法进程表明，我国在2021年致力于积极融入全球高标准数字贸易

① 《个人信息保护法》第40条规定，关键信息基础设施运营者和处理个人信息达到国家网信部门规定数量的个人信息处理者，应当将在中华人民共和国境内收集和产生的个人信息存储在境内。确需向境外提供的，应当通过国家网信部门组织的安全评估；法律、行政法规和国家网信部门规定可以不进行安全评估的，从其规定。

② 标准合同文本是个人信息出境合同中的一部分，个人信息处理者可根据自身需求与境外接收者就权利义务关系签订更具体的合同，但不得修改标准合同文本的条款，不得减损标准合同中的保护水平，且增加条款亦不得与标准合同文本相抵触。

③ 《个人信息保护法》第38条第3款。

治理体系。通过对标高标准的数字贸易规则，一方面为中国数字贸易发展提供新的发展空间，另一方面也为中国参与数字贸易国际规则的制定，并在规则制定中把握主动权和话语权奠定基础。我国应在后续加入 CPTPP 和 DEPA 的谈判过程中，继续统筹国内法治与涉外法治，积极参与国际法治，完善数字贸易标准体系与政策法律体系，为完善数字服务贸易监管提供有效的法律保障。①

3.《"十四五"服务贸易发展规划》

习近平总书记高度重视国际服务贸易的发展。《中共中央国务院关于推进贸易高质量发展的指导意见》要求"深化服务贸易领域改革和开放，持续推进服务贸易创新发展试点，完善促进服务贸易发展的管理体制和政策体系"②。2021 年 3 月，《第十四个五年规划和 2035 年远景目标纲要》对服务贸易高质量发展提出明确要求。根据上述精神，商务部等 24 部门于 2021 年 10 月出台《"十四五"服务贸易发展规划》（以下简称《规划》），对深化服务贸易改革开放、加快服务贸易数字化进程、深化服务贸易对外合作等方面进行了前瞻性部署，彰显我国在新发展理念下对于国际服务贸易发展的高度重视。《规划》坚持改革先行、开放先行，将"深化服务贸易改革开放"作为首个重点任务专章，从放宽服务领域市场准入、提高跨境服务贸易开放水平、打造高水平改革开放平台三个方面进行了重点阐述。以建立健全跨境服务贸易负面清单为标志，主动推动"十四五"时期要素流动型开放和制度型开放相结合、"边境上"准入与"边境后"监管相衔接，彰显出我国坚定不移扩大对外开放的决心和信心。

2020 年 8 月 12 日，商务部印发《全面深化服务贸易创新发展试点总体方案》（以下简称《方案》），明确要全面探索扩大服务业对外开放。坚持要素型开放与制度型开放相结合、开放与监管相协调、准入前与准入后相衔接，从制度层面和重点领域持续发力，提升开放水平。有序拓展服务业开放领域。对标国际高标准，分别以全面取消、大幅放宽、有序放开为原则，推动取消

① 杨燕青、吴光豪：《加快数据跨境流动规则落地》，载光明网理论频道 2021 年 11 月 26 日，https://theory.gmw.cn/2021-11/26/content_35340373.htm。

② 《中共中央、国务院关于推进贸易高质量发展的指导意见》，2019 年 11 月 19 日，第四部分第 11 条（"大力发展服务贸易"）。

或放宽对服务贸易的限制措施。探索放宽特定服务领域自然人移动模式下的服务贸易限制措施，按照对等原则推动职业资格互认。同时，要全面探索服务贸易创新发展模式。大力发展数字贸易，完善数字贸易政策，优化数字贸易包容审慎监管。促进制造业、服务业深度融合，推动生产性服务业通过服务外包等方式融入全球价值链，发展新兴服务贸易。《方案》特别强调，全面探索提升便利水平。加快推进人民币在服务贸易领域的跨境使用。在京津冀等具备条件的试点地区开展数字人民币试点。

（三）海南自贸港跨境服务贸易负面清单

2021年6月10日，《海南自由贸易港法》颁布实施，提供了《海南自由贸易港跨境服务贸易特别管理措施（负面清单）（2021年版）》（以下简称《海南负面清单》）的法律基础。2021年7月23日，《海南负面清单》发布，明确列出针对境外服务提供者的11个门类70项特别管理措施。这是我国在国家层面推出的跨境服务贸易领域首张负面清单，自2021年8月26日起实施。[①] 总体上看，《海南负面清单》对接高标准国际经贸规则，推动高水平制度型开放，体现出以下特点：

第一，新模式。负面清单模式是当前国际高标准自贸协定在投资和跨境服务贸易领域作出开放安排的主要模式。《海南负面清单》列出了境外服务提供者通过跨境交付模式、境外消费模式、自然人移动模式三种模式向海南自由贸易港提供服务的特别管理措施，在这个清单之外的领域，在海南自由贸易港内，对境内外的服务及服务提供者都一视同仁。

第二，新规则。《海南负面清单》统一列出国民待遇、市场准入、当地存在、金融服务跨境贸易等方面对于境外服务提供者以跨境方式提供服务的特别管理措施。国民待遇和市场准入是我们在加入世贸组织和签署的自贸协定中已经纳入的服务领域国际规则。当地存在金融服务跨境贸易则是高标准国际经贸协定中新的规则。

第三，新领域。《海南负面清单》在我国现有开放水平基础上，在专业服务、交通运输、金融、教育等跨境服务贸易领域提出针对性开放举措。在人才政策方面，取消境外个人参加注册计量师、勘察设计注册工程师、注册消

---

① 商务部令2021年第3号：《海南自由贸易港跨境服务贸易特别管理措施（负面清单）（2021年版）》，2021年7月23日发布。

防工程师等 10 多项职业资格考试方面的限制，为境外人才参与海南自贸港建设提供便利。

第四，新水平。《海南负面清单》的开放度在 120 多个服务分部门超过了我国入世承诺水平，也高于我国目前生效的绝大多数自贸协定相应领域的开放水平。

《海南负面清单》体现的制度型开放安排有助于推动服务贸易自由化，提升海南自由贸易港整体开放水平。与其他已出台的自贸港政策可形成叠加效应，推动海南自贸港形成服务贸易发展的新优势。① 同时，鉴于数字贸易的重要性，海南应探索设立跨境数据有序流动的监管体系。在“一线”建立分类、分级、分流向的数据跨境传输安全管理制度，放松互联网访问限制，实现跨境数据便利流动，实行入境信息内容分类审查制度，建立数据出境等级安全管理制度。在“二线”重点强化对自贸港流向内地的信息数据监管，积极推动数据跨境流动规则国际互认。

（四）北京市的服务业发展及相关规划

1.《北京市“十四五”时期现代服务业发展规划》②

自“十三五”以来，北京市高度重视加快推动现代服务业高质量发展。有数据显示，现代服务业已经成为拉动北京经济增长的主引擎和提升北京国际影响力的主窗口。金融、科技、信息、商务、文化等领域引领作用越发凸显；国家服务业扩大开放综合示范区和中国（北京）自由贸易试验区“两区”建设稳步推进。2021 年 11 月 18 日，北京市印发《北京市“十四五”时期现代服务业发展规划》（以下简称《北京规划》），明确北京立足首都城市战略定位，以首都发展为统领，以推动高质量发展为主题，坚持数字化、专业化、品质化、国际化发展为导向，加快构建与首都“四个中心”功能相适应的高质量现代服务业体系，持续强化北京在全球产业链、价值链、创新链中的核心地位，打造国际一流的高能级服务枢纽。到 2025 年，北京现代服务业产业增加值占地区生产总值比重将达到 70% 左右，服务贸易规模超过 1.3 万亿元。

根据《北京规划》，在“十四五”时期，北京将围绕“两区”建设，推动

---

① 参见匡贤明：《尽快释放海南服贸负面清单效应》，载《经济参考报》2021 年 8 月 10 日。

② 《北京市发展和改革委员会关于印发北京市“十四五”时期现代服务业发展规划的通知》（京发改〔2021〕1606 号），2021 年 11 月 10 日。

现代服务业高质量发展。主动融入国家开放战略，对接国际新理念、新规则，建立与国际接轨的开放制度体系，推动更高水平的开放改革，提升国内国际服务辐射力。“十四五”时期，北京还将构建现代服务业发展指数体系等关键举措，强化市场在资源配置中的主体地位，培育国际一流的现代服务业发展生态。《北京规划》提出了100多项具体措施，包括加快推动现代服务业和先进制造业深度融合等。尤其是在专业服务业发展方面特别提出，支持境外知名仲裁机构和国际商事调解组织在京设立业务机构，打造国际商事仲裁中心等重要举措。

2.《北京市关于改革优化法律服务业发展环境若干措施》①

法律服务业发展是北京市两区建设的重要领域。2021年7月发布的《北京市关于改革优化法律服务业发展环境若干措施》（以下简称《北京措施》）旨在“对标高标准国际经贸规则，积极推动制度创新，以更大力度谋划和推进自由贸易试验区高质量发展”的要求，进一步加强法律服务领域体制机制创新，促进法律服务业专业化、高端化、国际化发展。《北京措施》坚持对标一流，与国际规则、国际实践对接，探索推进新制度、新机制。②

《北京措施》主要包括：提供更加便利的工作居留和出入境服务、促进法律业务跨境收支便利化、优化司法行政审批服务、打造国际商事仲裁中心、支持涉外法律服务机构开拓市场以及加大涉外法律服务人才培养力度等。特别是在打造国际商事仲裁中心方面，《北京措施》提出，为发挥好北京商事服务优势、吸引国际优秀仲裁资源，支持知名仲裁机构和国际商事调解组织在北京自贸区设立业务机构，开展民商事争议领域涉外仲裁和涉外调解业务，依法支持中外当事人在仲裁前和仲裁中的财产保全、证据保全、行为保全等临时措施的申请和执行。支持各类企业在签署涉外合同时选择北京仲裁机构进行商事仲裁，并约定北京作为仲裁地。针对开展国际仲裁业务需大量访问国际网站的需求，提出在中国（北京）自由贸易试验区探索构建安全便利的国际互联网数据专用通道，做好中国（北京）自由贸易试验区范围内仲裁机

① 《北京市发展和改革委员会、北京市司法局关于印发改革优化法律服务业发展环境若干措施的通知》（京发改规〔2021〕2号），2021年7月5日。

② 《打造国际商事仲裁中心，外籍法律高端人才来京更便利——北京“两区”建设法律服务支持措施发布》，载《北京日报》2021年8月1日。

构等法律服务机构访问国际学术前沿网站的安全保障服务。

3.《北京市全面深化服务贸易创新发展试点实施方案》

为贯彻落实《国务院关于同意全面深化服务贸易创新发展试点总体方案的批复》（国函〔2020〕111号），深入推进服务贸易领域供给侧结构性改革，建立和完善首都新时期服务贸易创新发展的体制机制，为全国发展服务贸易提供可复制可推广经验，北京市于2020年11月印发《北京市全面深化服务贸易创新发展试点实施方案》（以下简称《北京方案》）。

《北京方案》提出，北京依托中国国际服务贸易交易会、国际一流双枢纽机场等重大开放平台，发挥北京数字资源优势，聚焦数字贸易发展，推进与国际规则对接，加快提升金融、互联网信息、专业服务等重点领域服务贸易能级，提高资金、人才、技术、数据等要素跨境流动的自由化便利化水平，构建高效安全的服务贸易治理体系，增强服务贸易主体的国际市场竞争力，引领“中国服务”提升全球价值链地位，助推首都高质量发展。北京将致力于打造“三位一体”数字贸易试验区，探索跨境数据安全有序流动，释放数字贸易创新发展活力。围绕重点领域，塑造首都服务业双向开放新格局，包括拓展金融服务业开放市场，扩大互联网信息服务开放规模等。在深化专业服务领域开放改革方面，《北京方案》特别提出，要允许境外知名仲裁机构及争议解决机构经登记并备案后，在自贸试验区设立业务机构，就国际商事、投资等领域发生的争议提供仲裁服务。

北京法律服务业的对外开放为北京服务贸易发展的重点内容，国家层面为积极推进北京国际仲裁中心的建设亦提供了多项保障措施。例如，最高人民法院专门印发《关于人民法院为北京市国家服务业扩大开放综合示范区、中国（北京）自由贸易试验区建设提供司法服务和保障的意见》、[①] 设立北京金融法院、支持金融服务领域改革创新，并在北京市第四中级人民法院揭牌成立“北京国际商事纠纷一站式多元解纷中心”等。最后，以北京仲裁委员会/北京国际仲裁中心为代表的国际仲裁机构有效提升了国际仲裁服务水平，对建设北京国际仲裁中心，进一步提高法律服务业开放水平具有重要意义。

---

① 《最高人民法院关于人民法院为北京市国家服务业扩大开放综合示范区、中国（北京）自由贸易试验区建设提供司法服务和保障的意见》（法发〔2021〕11号），2021年3月22日。

六、结语与展望

2021年，中国在国际服务贸易方面，对外积极参与国际经贸协定中的服务贸易规则构建，对内高度重视服务业发展及市场开放，在新冠肺炎疫情的重大影响中仍取得了瞩目成绩。但与发达国家相比，我国服务贸易发展的产业基础还相对较弱，服务业在GDP的占比低于服务业在全球GDP的占比，服务贸易在国际贸易中的占比亦低于全球服务贸易在国际贸易中的占比。中国服务业的制度型开放也相对不足，服务贸易出口竞争力提升较为缓慢。在后疫情时代，服务贸易发展很可能面临更大的保护主义挑战，其中国家安全、技术标准、知识产权保护、优先购买本地服务、限制技术服务出口等限制服务贸易发展的措施数量进一步增加。

由于新冠肺炎疫情和俄乌战争等多重因素影响，2022年我国服务贸易发展仍面临较大挑战，特别是旅行服务进出口大概率仍将处在下行区间。受数字产业快速发展带动，数字贸易特别是数字服务出口有可能成为发展亮点。从国际上看，发达国家仍将是我国重要的服务贸易合作伙伴，但受疫情等多重因素影响，服务贸易往来仍存在较大不确定性。应继续删减和降低外商投资准入负面清单中涉及服务业的特别管理措施，在跨境交付、境外消费、自然人流动三种模式的服务贸易在更大范围进一步加速发展的同时，助力商业存在模式的服务贸易进行高质量提升。

“数字开启未来，服务促进发展”。尽管面临国内外多重挑战，但服务业持续扩大开放是我国新一轮高水平制度型改革开放的重中之重。习近平总书记在2021年中国国际服务贸易交易会全球服务贸易峰会上的致辞中强调，中国将提高开放水平，在全国推进实施跨境服务贸易负面清单，探索建设国家服务贸易创新发展示范区；扩大合作空间，加大对共建“一带一路”国家服务业发展的支持，同世界共享中国技术发展成果；加强服务领域规则建设，支持北京等地开展国际高水平自由贸易协定规则对接先行先试，打造数字贸易示范区；继续支持中小企业创新发展，深化新三板改革，设立北京证券交易所，打造服务创新型中小企业主阵地。这为中国继续大力发展服务业、促进国际服务贸易、参加服务贸易国际规则制定指明了清晰的前进方向。

中国金融衍生品争议解决年度观察（2022）

郑乃全 *

一、概述

金融衍生品是一种以合同形式存在的金融工具，其价值取决于农产品、金属、能源、股权、利率、外汇、信用、碳排放权等标的资产的价值变动，基本种类包括远期、期货、期权和互换。金融衍生品还包括具有远期、期货、期权和互换中多种特征的混合金融工具，如期货期权、互换期权。根据交易方式的不同，金融衍生品可以分为场内衍生品和场外衍生品。场内衍生品，又称交易所交易衍生品，市场主体根据交易所制定的交易规则采用规定的交易方式进行标准化合约的买卖，如期货和标准化期权。场外衍生品，又称柜台交易衍生品，交易双方直接互为交易对手方的一对一交易方式，以远期、互换、期权和混合金融工具为主要交易类型。市场主体可以通过金融衍生品管理价格、信用和气候等风险。金融衍生品交易有助于促进标的资产的价格发现，提高市场流动性，服务实体经济的发展。

2021 年，中国期货市场成交量创历史新高，以单边计算，2021 年 1–12 月中国期货市场累计成交量为 7,514,025,454 手，累计成交额为 5,811,988.35

---

* 郑乃全，北京中衍律师事务所律师、主任。北京中衍律师事务所的李亦丹律师、李宗儒实习律师、谭舒予为本文写作提供了帮助，作者在此表示感谢。

亿元，同比分别增长 22.13% 和 32.84%。[①] 期货交易品种涵盖了金属、能源、化工、农产品等大宗商品和股指、债券等金融工具。场外衍生品方面，银行间衍生品市场成交规模平稳增长，银行间本币衍生品市场共成交 21.4 万亿元，同比增长 6.5%；其中，利率互换名义本金总额为 21.1 万亿元，同比增长 7.5%；标准债券远期成交 2614.8 亿元，信用风险缓释凭证创设名义本金 295.2 亿元，信用违约互换名义本金 36.3 亿元。[②] 除银行间衍生品市场外，交易所衍生品市场、报价系统场外衍生品市场等有组织场外衍生品市场所开展的场外衍生品业务都取得了显著的发展。银行、证券公司等金融机构通过柜台对客户开展的衍生品交易业务也得到不同程度的发展，具体交易挂钩外汇、利率、股权和大宗商品等标的资产。

2021 年 12 月 3 日，金融稳定理事会（FSB）发布《2021 年全球场外衍生品市场改革进展报告》，将中证机构间报价系统股份有限公司列入正式交易报告库名单。[③] 截至 2021 年 9 月底，中国共有两家交易报告库和两家类交易报告库进入 FSB 所公布的名单，分别是中国期货市场监控中心（China Futures Market Monitoring Center，CFMMC）、中证机构间报价系统股份有限公司（China Securities Internet System，CSIS）、中国外汇交易中心（China Foreign Exchange Trade System，CFETS）和中国银行间交易商协会（National Association of Financial Market Institutional Investors，NAFMII）。

2021 年是中国金融衍生品市场法治建设工作的重要一年。中国首次就金融衍生品市场进行专门立法，先后形成了《中华人民共和国期货法（草案）》《中华人民共和国期货和衍生品法（草案二次审议稿）》，2021 年已经过十三届全国人大常委会两次审议。[④] 金融衍生品市场和参与主体的相关监督管理部

---

① 《2021 年 12 月全国期货市场交易情况》，载中国期货业协会网站，http://www.cfachina.org/servicesupport/researchandpublishin/statisticalsdata/monthlytransactiondata/202201/t20220104_24883.html，访问时间：2022 年 1 月 4 日。

② 《2021 年金融市场运行情况》，载中国人民银行网站，http://www.pbc.gov.cn/goutongjiaoliu/113456/113469/4463448/index.html，访问时间：2022 年 2 月 3 日。

③ 中证机构间报价系统股份有限公司因符合《金融市场基础设施原则》（PFMI）规定的要求，被中国官方正式批准为商品和权益类场外衍生品交易报告库。FSB 将其由类交易报告库（TR-like）调整为交易报告库（TR）。

④ 《中华人民共和国期货和衍生品法》已由十三届全国人大常委会第三十四次会议于 2022 年 4 月 20 日通过，自 2022 年 8 月 1 日起施行。

门与行业自律组织就规范金融衍生品市场健康发展单独或联合其他部门制定出台了《关于进一步加强金融衍生业务管理有关事项的通知》（国资厅发财评〔2021〕17号）、《关于衍生工具交易对手违约风险资产计量规则有关问题的通知》（银保监办发〔2021〕124号）、《关于依法开展证券期货行业仲裁试点的意见》（证监会公告〔2021〕25号）等部门规范性文件以及《期货公司居间人管理办法（试行）》《证券公司收益互换业务管理办法》等行业自律性规则。为规范衍生品业务，促进境内衍生品市场健康发展，保障各方合法权益，防范系统性风险，人民银行会同银保监会、证监会、外汇局共同起草了《关于促进衍生品业务规范发展的指导意见（征求意见稿）》并向社会公开征求意见。

二、新法律法规和其他规范性文件

（一）《中华人民共和国期货和衍生品法（草案二次审议稿）》

2021年4月26日，《中华人民共和国期货法（草案）》（以下简称草案）提请十三届全国人大常委会第二十八次会议初次审议，这是中国首次专门立法规范和促进期货市场健康发展。[①] 初次审议的草案共14章173条，规定了总则、期货交易、其他衍生品交易、期货结算和交割、期货交易者、期货经营机构、期货交易场所、期货结算机构、期货服务机构、行业自律、监管管理、跨境监管与协作、法律责任、附则等内容。

2021年10月19日，《中华人民共和国期货和衍生品法（草案二次审议稿）》[②] 提请十三届全国人大常委会第三十一次会议进行了二次审议。同草案相比，二次审议稿主要修改如下：

第一，草案的名称发生了变化，由"期货法"修改为"期货和衍生品法"。

虽然草案原名为"期货法"，但草案实际调整的范围包括期货之外的其他金融衍生品。立法机关考虑到名称和内容的相符，所以将名称进行了修改。但需要特别注意的是，二次审议稿名称中的"期货"和"衍生品"与我们通常所理解的金融学概念并不相同，具有其特定法律定义。"期货"和"衍生品"

---

① 《我国首次专门立法规范和促进期货市场发展》，载新华网，http://www.npc.gov.cn/npc/c30834/202104/ee03bc40b1e44e26b8d9131bec4bd4c4.shtml，访问时间：2022年2月5日。

② 《关于征求〈中华人民共和国期货和衍生品法（草案二次审议稿）〉意见的通知》，载中国期货业协会网站，http://www.cfachina.org/aboutassociation/associationannouncement/202110/t20211025_23956.html，访问时间：2022年2月5日。

分别对应于二次审议稿中的“期货交易”和“衍生品交易”。二次审议稿中所称的“期货交易”是指以期货合约或者标准化期权合约为交易标的的交易活动，非一般所理解的期货概念，相当场内衍生品的概念；“衍生品交易”是指期货交易以外的，以非标准化期权合约、互换合约和远期合约及其组合为交易标的的交易活动，相当于场外衍生品的概念。而金融学概念上的“衍生品”是包含了期货、期权、远期、互换等场内和场外的所有衍生品交易类型。因此，名称中的“期货”和“衍生品”分别对应的是场内衍生品和场外衍生品。期货和衍生品法所调整的范围是所有金融衍生品交易及相关活动。

第二，结构更加精简，从14章173条缩减为13章155条。二次审议稿将草案的第二章“期货交易”和第三章“其他衍生品交易”合并成一章“期货交易和衍生品交易”，将期货交易和衍生品交易共同适用的原则性规定形成一节“一般规定”，对于“期货交易”和“衍生品交易”的特别规定分专节进行了规定；将草案第十章和第十二章的章名分别修改为“期货业协会”和“跨境交易与监管协作”，使章名与内容相符。

第三，进一步完善了金融衍生品市场监管体制的相关规定。多头监管是中国金融衍生品市场监管的基本现状，期货市场（场内衍生品市场）由中国证监会统一监管，衍生品市场（场外衍生品市场）根据交易标的资产、交易主体、交易场所等不同由多个监管机构根据主体监管或功能监管职能对衍生品市场进行共同监管，包括了中国人民银行、中国银保监会、中国证监会、国家外汇管理局、国务院国资委等国家机关和监管部门。二次审议稿除了明确国务院期货监督管理机构依法对全国期货市场实行集中统一监督管理，同时规定“国务院对利率、汇率期货的监督管理另有规定的，适用其规定”。此外，根据目前衍生品市场的监管现状，明确规定衍生品市场由国务院期货监督管理机构或者国务院授权的部门按照职责分工实行监督管理。

第四，进一步完善了衍生品交易的相关规定。中国场外交易衍生品市场由于发展时间较短，法律制度不健全，主要通过监管部门的规章和规范性文件以及行业协会的自律性规范文件进行调整，本次立法将衍生品交易纳入法律调整范围，为中国衍生品市场的发展提供了重要的法律支持和保障，有利于吸引更多境内外交易者参与中国衍生品市场交易，从而更好地发挥我国衍生品市场的价格发现和风险管理的职能，服务中国实体经济的健康发展。关于衍生品交易的专门规定虽仅有一节，但其确立了衍生品交易的基本原则和制度。相比草案，二次审议稿作了重要的修改和完善。首先，明确规定了组织衍生品交易的场所应当经过相关监管部门的审批，并规定了组织衍生品交易的场所交易规则制定的基本原则以及交易规则和主协议等合同文本向相关监管部门备案的要求；其次，明确规定了单一协议制度、履约保障制度、终止净额结算制度、中央对手方清算以及交易报告库等衍生品交易国际通行的基本制度。最后，原则性规定了有关衍生品交易及相关活动进行规范和监督管理的具体办法由国务院依照该法的原则进行规定。

第五，根据“放管服”改革精神，除信息技术服务机构外，取消对其他期货服务机构的备案管理要求。①

第六，为进一步防范化解系统性风险，规定国务院期货监督管理机构应当建立健全期货市场监测监控制度，加强保证金安全存管监控。②

相关部门将根据各方意见和建议对《中华人民共和国期货和衍生品法（草案二次审议稿）》进行继续修改完善。③

（二）《关于进一步加强金融衍生业务管理有关事项的通知》

为进一步指导中央企业规范开展金融衍生业务，在发挥其功能作用的同时，切实有效管控风险，国务院国资委对已有的监管制度进行了整合、修订，研究制定了中央企业开展金融衍生品业务的基本规范性文件《关于切实加强金融衍生业务管理有关事项的通知》（国资发财评规〔2020〕8号，以下简称8号文）④并于2020年1月13日印发中央企业执行。

为了推动中央企业进一步落实好8号文，规范执行制度规定，解决部分中央企业存在资质审核把关不严、信息化监测水平不高、业务报告不及时等问题，国务院国资委于2021年4月12日印发了《关于进一步加强金融衍生

① 《期货法拟更名为期货和衍生品法　建立健全期货市场监测监控制度》，载中国人大网，http://www.npc.gov.cn/npc/c30834/202110/8837c2be1f5a479697d6f65da13fa0d7.shtml，访问时间：2022年2月5日。

② 《期货法拟更名为期货和衍生品法　建立健全期货市场监测监控制度》，载中国人大网，http://www.npc.gov.cn/npc/c30834/202110/8837c2be1f5a479697d6f65da13fa0d7.shtml，访问时间：2022年2月5日。

③ 2022年4月18日，《中华人民共和国期货和衍生品法（草案三次审议稿）》提请十三届全国人大常委会第三十四次会议进行了三次审议，已于2022年4月20日通过。

④ 《关于切实加强金融衍生业务管理有关事项的通知》，载国务院国有资产监督管理委员会网站，http://www.sasac.gov.cn/n2588035/n16549643/n16549895/n16550040/c16716948/content.html，访问时间：2022年2月5日。

业务管理有关事项的通知》，就强化业务准入审批、加强年度计划管理、加快信息系统建设、严格备案报告制度等有关事项进行了明确。国资委将不定期开展专项检查，与有关监管部门探索建立交易数据共享机制，加强日常监测和风险预警，对于发现的问题，将进行提示、通报、约谈、问责等。其中：对于业务可行性论证不充分的，将提示董事会重新核准业务资质；对于信息系统未按时建成上线的，将要求企业增加报告频率或提示董事会缩减业务规模；对于开展投机业务，存在超规模、超品种、超限额以及未经资质核准开展业务等违规交易问题的，将按照有关规定严肃问责。①

（三）《关于依法开展证券期货行业仲裁试点的意见》

2021年10月15日，中国证监会与司法部联合公布了《关于依法开展证券期货行业仲裁试点的意见》（以下简称《意见》）。《意见》是为了贯彻落实中共中央办公厅、国务院办公厅印发的《关于依法从严打击证券违法活动的意见》关于“开展证券行业仲裁制度试点”的任务要求，完善证券期货纠纷多元化解机制，有效保护资本市场投资者的合法权益，维护证券期货行业健康发展。

《意见》总共十点：1. 开展证券期货行业仲裁试点的重要意义；2. 开展证券期货行业仲裁试点的总体要求；3. 设立证券期货仲裁院（中心）；4. 关于证券期货仲裁院（中心）的仲裁范围；5. 关于证券期货民事赔偿纠纷的仲裁；6. 关于资本市场自律组织会员纠纷的仲裁；7. 创新仲裁员选聘机制，提升仲裁员的专业水平；8. 加强试点仲裁委员会与证券期货监管机构、自律组织之间的合作；9. 推动完善证券期货纠纷仲裁与调解、诉讼的有效衔接；10. 关于证券期货行业仲裁试点工作的指导和监督。

（四）《关于衍生工具交易对手违约风险资产计量规则有关问题的通知》

为了进一步明确中国法律与金融监管对终止净额结算的支持，2021年11月23日，中国银保监会印发了《关于衍生工具交易对手违约风险资产计量规则有关问题的通知》（以下简称《通知》），对《衍生工具交易对手违约风险资产计量规则》的部分内容作出补充解释，明确商业银行和金融机构之间的合格交易可以净额管理风险敞口和计提资本。主要内容包括：一是明确适用《通

① 《关于进一步加强金融衍生业务管理有关事项的通知》，载国务院国有资产监督管理委员会网站，http://www.sasac.gov.cn/n2588035/c18409572/content.html，访问时间：2022年2月5日。

知》的商业银行交易对手范围为经我国金融监督管理部门批准设立的金融机构，商业银行与其他交易对手的净额结算组合认定标准仍按《衍生工具交易对手违约风险资产计量规则》的要求执行；二是明确合格主协议的范围，将目前国内市场常用的《中国银行间市场金融衍生产品交易主协议》《中国证券期货市场衍生品交易主协议》、国际市场常用的《国际掉期及衍生工具协会 2002 年主协议》纳入，并采用“银保监会认可的其他合法有效净额结算主协议”的表述，预留政策空间；三是明确通过合格中央对手方集中清算的衍生品交易风险暴露和资本计量规则。《通知》还进一步完善了保证金衍生品交易的认定标准。[①]《通知》的出台允许商业银行以净额管理风险为敞口，将可以减少商业银行开展衍生品交易的成本，提高衍生品交易效率，减少违约风险暴露和资本占用。

（五）《期货公司居间人管理办法（试行）》

2021 年 9 月 10 日，为推进期货市场高质量发展，进一步完善期货行业自律规则体系，中国期货业协会遵循“建制度、不干预、零容忍”九字方针，以保护投资者合法权益为出发点和落脚点，制定并发布了《期货公司居间人管理办法（试行）》（以下简称《办法》）。《办法》从对期货公司自律管理的角度规范期货公司与居间人之间的委托中介服务，规定了期货公司合作居间人的具体条件与行为规范，明确要求期货公司与居间人签署具有必备条款的书面居间合同，要求期货公司建立关于居间人合作业务的内部管理制度。如期货公司委托《办法》规定以外的机构或者自然人提供订约机会的，费用支付标准不得与交易数量、交易金额、交易手续费及其他收入指标挂钩。

《办法》是期货公司进行居间人管理的最低标准，各期货公司可以结合自身实际，进一步细化和完善相关程序、方法、标准和流程。《办法》还提供了《期货居间人承诺书》和《期货居间投资者风险告知书》两个附件，这是方便期货公司开展居间人管理工作而提供的参考模板，期货公司可以根据自身情况增加相应内容，但不得删减。

《办法》自发布之日起施行，但特别设置了一年过渡期，自 2021 年 9 月

---

① 《中国银保监会有关部门负责人就〈关于衍生品工具交易对手违约风险资产计量规则有关问题的通知〉答记者问》，载中国银行保险监督管理委员会网站，http://www.cbirc.gov.cn/cn/view/pages/ItemDetail.html?docId=1020671&itemId=915&generaltype=0，访问时间：2022 年 1 月 28 日。

10日至2022年9月9日；过渡期满，期货公司所有存续的居间合同均应符合《办法》规定。期货公司自2021年11月1日起，可以在协会居间人管理信息系统进行居间人信息登记。

（六）《证券公司收益互换业务管理办法》

为了促进证券公司收益互换业务规范健康发展，中国证券业协会在广泛征求意见基础上，制定了《证券公司收益互换业务管理办法》（以下简称《管理办法》）。《管理办法》经中国证券业协会第七届常务理事会第一次会议表决通过，并报中国证监会备案，自2021年12月3日起施行。主要内容包括：一是明确规定了适用《管理办法》的范围为证券公司与交易对手方在其柜台及协会认可的其他场所开展的收益互换交易；二是明确可以开展对客收益互换业务的主体范围为证监会认可的场外期权一级交易商或协会备案的场外期权二级交易商，未获得交易商资质的证券公司，只能与交易商开展基于自营目的的收益互换交易；三是规定了投资者适当性、交易标的及合约、保证金等管理规范；四是规定了证券公司开展收益互换业务相关的风险控制和禁止行为；五是规定了数据报送主体、时间、程序、内容以及中证报价监测监控等规定；六是规定了具体的自律管理措施；七是规定了《管理办法》的实施和一年过渡期安排。

三、重大案例

【案例1】居间人代客期货交易造成损失，期货公司不承担连带责任

【基本案情】

2015年，A期货公司与屈某签署《居间协议书》。随后，屈某向A期货公司居间介绍了柯某和盛某，二者均在A期货公司开立期货交易账户并签署了《居间关系确认书》。A期货公司向柯某和盛某进行了期货交易风险告知并提示居间人非公司员工。账户开办后，屈某开始操作柯某、盛某的期货账户，给盛某等人造成损失649万余元。

【争议焦点】

居间人屈某应否对盛某的全部损失承担赔偿责任，A期货公司是否应当承担连带赔偿责任。

【裁判观点】

法院认为，屈某作为居间人，在明知盛某等人不懂得期货操作方法和规则情况下，以获取高额手续费为目的，频繁操作柯某、盛某账户资金进行期货交易，屈某的行为与盛某等人的损失存在因果关系，且屈某具有重大过错，应承担主要民事责任。盛某等人将自有资金以柯某名义在A期货公司开设账户，违反《期货市场客户开户管理规定》的实名制要求，而且在A期货公司多次风险提示下，盛某等人对涉案期货交易持放任态度，对于自身损失存在一定过错，亦应承担相应责任。屈某对盛某等人的损失承担80%责任，不承担全部赔偿责任。

A期货公司在客户开立期货交易账户和期货交易期间已尽到风险提示和监管义务，虽未向柯某、盛某告知屈某作为居间人的居间佣金返还比例等事实，但与盛某等人的资金损失并不存在因果关系。A期货公司对于盛某等人的资金损失没有过错，不应承担民事责任。[①]

【纠纷观察】

《最高人民法院关于审理期货纠纷案件若干问题的规定》（2020年修正）规定，公民、法人受期货公司或者客户的委托，作为居间人为其提供订约的机会或者订立期货经纪合同的中介服务的，期货公司或者客户应当按照约定向居间人支付报酬。居间人应当独立承担基于居间经纪关系所产生的民事责任。

本案中，人民法院将居间人为客户提供的中介服务行为与居间人为客户操作期货账户的行为进行了区分，明确了客户期货账户交易的损失与居间人的中介服务行为不存在因果关系，这将有利于厘清期货公司、居间人与客户三者之间的法律关系。居间人代客户操作期货账户是居间人与客户之间独立的委托交易行为，应根据居间人的行为对交易损失是否有过错进行责任认定。如期货公司已按期货经纪合同的约定向客户提供期货经纪服务且对客户的交易损失无其他过错行为，期货公司无须对客户的交易损失承担法律责任。

期货交易是一项高风险的投资行为，期货公司应向客户充分履行投资者适当性义务，向合格的投资者提供期货经纪服务，如实披露期货交易风险；客户应当对自己和选任的受托人的行为承担责任。

---

① 河南省高级人民法院（2020）豫民终963号民事判决书。

【案例2】强行平仓过程中因客观原因导致客户账户出现穿仓损失，期货公司不承担责任

【基本案情】

2019年2月18日，A期货公司与苗某签订《期货经纪合同》《期货交易风险说明书》《客户须知》《投资者适当性特别风险警示》《数字证书用户责任书》《能源中心交易编码申请表（自然人）》等交易文件并对苗某进行了风险评测，风险承受能力等级为C5。苗某进行期货交易期间，多次出现期货账户交易保证金不足的情形，A期货公司通过多种方式对苗某进行了通知，苗某既不按约定的时间追加保证金，也未自行平仓，A期货公司对苗某执行强行平仓，由于部分仓位挂单未能及时成交，导致最终平仓时苗某账户出现了穿仓的损失。

【争议焦点】

A期货公司是否应对苗某的穿仓损失承担责任。

【裁判观点】

法院认为，期货公司与客户之间系期货行纪法律关系，期货公司的责任是严格根据客户的指令进行交易操作，一般情形下并无处分客户财产的权利。强行平仓从本质上看是期货公司为维护自身资金安全所依法享有的一项权利，其根本目的在于避免期货透支交易。期货经纪公司并非期货交易的民事主体，期货交易是否及如何进行均是由客户决定的，客户对自己账户及所持合约的风险具有积极管理及注意义务。且期货公司所享有的强行平仓的权利，并不排除客户为保护自身财产安全与利益采取平仓措施的权利。本案诉争损失虽然为穿仓损失，但A期货公司强行平仓行为的实施并无不当，穿仓系由于市场流动性不足平仓无法实现所致。①

【纠纷观察】

关于期货市场强行平仓制度，《期货交易管理条例》（2017年修订）（以下简称《条例》）第34条第2款规定："客户保证金不足时，应当及时追加保证金或者自行平仓。客户未在期货公司规定的时间内及时追加保证金或者自行平仓的，期货公司应当将该客户的合约强行平仓，强行平仓的有关费用和发

① 上海市高级人民法院（2020）沪民终727号民事判决书。

生的损失由该客户承担。”而《最高人民法院关于审理期货纠纷案件若干问题的规定》（2020修正）（以下简称《规定》）第36条第2款规定：“客户的交易保证金不足，又未能按期货经纪合同约定的时间追加保证金的，按期货经纪合同的约定处理；约定不明确的，期货公司有权就其未平仓的期货合约强行平仓，强行平仓造成的损失，由客户承担。”二者的规定有所区别，《条例》规定期货公司“应当”强平，是一种义务和要求，《规定》赋予期货公司与客户自由约定仓位处分，期货公司“有权”强平，是一种权利。如果强行平仓是一项义务，一旦违反将可能产生侵权的责任，但如果是一项权利，则可以选择放弃，不会产生任何责任。本案及其他案件中，司法审判机关多数按照《规定》来解释和适用期货公司对客户所实施强行平仓的性质，一般认定为是一项权利，但认为期货公司行使该权利时应符合双方的约定，可以说是一种附条件的权利。本案的重点并不在于解决“强平”的性质问题，而是强调当期货公司按约定“强平”时由于客观原因（如市场无流动性）无法及时平仓所导致的穿仓损失，期货公司不承担责任。建议客户应主动关注自己的持仓，特别注意与期货公司就强行平仓方面的具体约定。

【案例3】未违反法律、行政法规禁止性规定的场外衍生品交易协议合法有效

【基本案情】

2011年9月15日，A银行与B石化公司签订了ISDA 2002主协议及其附件，约定：双方按照主协议的规定进行场外衍生品交易，并按确认书的具体内容履行付款或交付义务。2014年2月14日，B石化公司签署《布伦特原油—买入绩效互换》交易条款，载明：本文件仅作讨论之用，并不构成任何要约、建议或诱导任何人士订立任何交易或采纳任何对冲、交易或投资策略。2014年3月7日，双方签订《布伦特原油—买入绩效互换》及对应的《交易确认书》（以下简称3月交易条款），双方约定于2014年8月1日至2015年2月28日间的7个公历月间（每个公历月为一个计算期间）就布伦特原油开展互换交易。随后，双方依约履行了4期互换交易。2014年11月11日，B石化公司出具《关于终止布伦特原油—买入绩效互换的函》，要求提前终止2月18日签署的“布伦特原油—买入绩效互换”协议，否认2014年11月10日后互换交易的效力，并表示不再承担11月10日后的损失。2014年11月27日，A银行向

B石化公司发出《提前终止通知》，指定2014年12月2日为主协议项下所有未完成交易的提前终止日。2014年12月2日，A银行向多家机构发送电子邮件，就系争交易提前终止所需的平仓成本发送询价函并收到相关报价。2014年12月3日，A银行向B石化公司发出《提前终止金额计算报告》及其附件。2014年12月11日，A银行从B石化公司账户中扣除了部分金额。

【争议焦点】

案涉交易协议是否有效，B石化公司发函终止协议是否构成案涉协议规定的违约事件，终止结算条款的性质和计算。

【裁判观点】

法院认为，涉案交易协议系双方当事人真实意思表示，并不违反法律、行政法规的禁止性规定，已经成立并合法有效，当事人均应恪守合同约定。

有相对人的意思表示的解释，应当按照所使用的词句，结合相关条款、行为的性质和目的、习惯以及诚信原则，确定意思表示的含义。从B石化公司《关于终止布伦特原油—买入绩效互换的函》的具体内容看，函中虽将协议签署时间记载为"2月18日"，但同时也明确表示，认同并履行2014年11月10日以前的合约约定，2014年11月10日之后的协议不再生效，故其目的在于终止正在进行的互换交易，否定剩余3期互换约定的效力，而非要终止一份未生效的协议。现双方当事人对实际履行的协议为3月交易条款并无争议，故B石化公司向A银行出具此函应理解为要求终止3月交易条款，构成主协议项下的违约事件。

掉期交易中，交易双方对具体违约责任触发交易提前终止的合约安排实质上属于继续性合同的约定解除。违约事件下提前终止应付额包括终止款项和未付款项两部分，其中未付款项的清偿属于对已发生并确定之债务的履行，而提前终止款项即为交易违约方在合同解除后对非违约方应承担的违约责任，也就是赔偿非违约方因交易提前解除而遭受之损失。关于提前终止款项的计算方法，根据主协议第14条的约定，计算方将以诚实信用原则，并按合理之商业程序确定任何结算款项，以达到合理之商业效益。计算方可参考任何有关信息，包括但不限于第三方提供的有关替换交易之报价，第三方提供的相关市场数据资料等。本案中，A银行向行业内数家第三方咨询了有关替代交易的报价，并结合其他市场信息计算了提前终止款项。一审法院以市场报价的平均数作为提前终止款项计算的依据，并不违反双方合同约定，且低于A银行计算的金额，实际减轻了债务人的负担，可予维持。[①]

【纠纷观察】

本案属于场外衍生品交易纠纷较为典型的案例，案涉争议焦点集中了场外衍生品交易中常见的争议问题。场外衍生品交易协议结构较为复杂，一般由交易主协议、补充协议、交易确认书以及履约保障协议书等一整套文书构成。协议的效力经常成为原、被告双方争议的焦点，但从司法实践上看，人民法院原则上保护当事人的意思自治，只要协议属于当事人的真实意思表示，场外衍生品交易协议应受到法律的保护，除非协议违反法律、行政法规的禁止性规定。关于提前终止事件的认定和提前终止款项的计算，人民法院一般也都按照双方协议的约定予以确认，因此，建议交易双方就提前终止事件和提前终止款项的计算方式等内容尽量予以明确，避免不必要的纠纷。

【案例 4】金融机构因过错违约强行平仓，将对客户因强行平仓导致的交易损失承担相应责任

【基本案情】

2014 年 11 月，A 银行与彭某以网络签约的形式签订了交易代理协议，为彭某提供代理个人贵金属现货延期交收业务。2015 年 2 月 16 日至 2016 年 7 月 6 日，彭某共进行 700 多笔交易。其中，2016 年 6 月 30 日日终资金结算时，彭某的保证金比例为 8.4%，低于 9% 的强平线，按照双方协议，彭某需在下一个交易日开市前即 6 月 30 日 19:45 之前补足保证金，如未补足，A 银行应在 7 月 1 日 9:30 后即启动强行平仓，但在 7 月 1 日 9 时彭某自行减仓 300 手，9 时 30 分 A 银行在彭某账户上扣款 2 万元，使保证金比例提高到 10.73%，高于强平保证金比例 9%。7 月 1 日日终资金结算时，彭某的保证金比例为 7.26%，低于 9% 的强平线，因 7 月 2、3 日为周六、周日，不产生交易。7 月 4 日 9 时 31 分，因银行系统对彭某活期账户成功扣款 155800 元，使彭某持仓保证金比例提高至 10.20%，高于强平保证金比例 9%。2016 年 7 月 4 日 14:00 出现涨停，且彭某在下一个交易日前未补足保证金，强平保证金比例发生调整，为 20:34，A 银行系统对账户强平，账户亏损 403189 元。

---

① 上海金融法院（2020）沪 74 民终 533 号民事判决书。

【争议焦点】

A银行是否有权从彭某绑定的银行账户中扣划资金用于追加保证金，A银行实行强行平仓是否违反约定以及是否应对强行平仓导致的损失承担责任。

【裁判观点】

法院认为，A银行有权划转资金的范围中不包括交易保证金，A银行系统直接从彭某账户自动扣划资金追加交易保证金的行为不当。

保证金交易中的强行平仓，是指当客户账户内交存的保证金比例低于双方约定或交易所规定的保证金比例时，经金融机构通知客户，但客户未能在指定期限内追加足额保证金时，金融机构按照双方协议约定直接将客户账户内持有的头寸全部或部分卖出的行为。从本质上看，强行平仓是某交易所以及会员单位为维护自身资金安全所依法享有的一项权利，其根本目的在于避免透支交易。在客户保证金低于强行保证金比例的情况下，客户又未能在约定的时间内追加或自行减仓，金融机构为避免客户及金融机构的账户风险，应当及时行使强行平仓的权利。故只要强行平仓的实体条件及程序条件具备，A银行就应采取强行平仓。因此，A银行未在2016年7月1日、7月4日上午时段开盘半小时后启动强行平仓不当，违反协议约定。

银行系统从彭某的银行账户中自动扣款追加保证金的行为不当，导致A银行在强行平仓条件成就时，未及时对彭某交易账户进行强行平仓，A银行存在一定过错。之后，彭某自己亦未采取平仓等措施保护自身财产安全，也未对A银行未强行平仓提出异议，反而在7月4日市场波动剧烈、行情上涨的情况下，仍然进行做空交易，也存在导致损失进一步扩大的责任。彭某与A银行分别对损失承担40%和60%的责任。[①]

【纠纷观察】

本案是关于个人贵金属现货延期交收业务中因强行平仓产生的纠纷。该业务的交易模式采用保证金制度，具有资金杠杆放大效应，采用当日无负债结算制度和强行平仓制度，可以当日随时开仓、随时平仓，投资者可以做多和做空。个人客户通过某交易所会员代理参与某交易所组织的递延交收业务。人民法院虽未具体认定贵金属现货递延交收业务所属衍生品具体交易类型，但通过案由确认了该业务属于金融衍生品种交易。同样在无法律明确规定的

① 甘肃省天水市中级人民法院（2020）甘05民终816号民事判决书。

情况下，人民法院还是认定A银行和彭某所签署的交易代理协议依法成立有效，双方均应依约履行。

本案中，人民法院主要是以双方的约定作为裁判的主要依据。特别是认为强行平仓虽是A银行的一项合同权利，但仍应当按照协议的约定行使，违约强行平仓，特别是存有过错时，应对强行平仓导致的损失承担相应责任。但客户本身仍应对自己的交易账户负有管理和注意义务，对于自己行为导致扩大损失的部分应自行承担责任。因此，投资者应主动管理和注意自己的账户，注意区别委托投资理财与委托代理交易之间的本质性区别。建议金融中介机构在向客户提供交易服务时，应严格按照双方的约定履行，无明确授权的情形下不得随意处分客户财产。

四、热点问题观察

（一）非法期货交易

非法期货交易一直是金融市场的热点问题，也是期货交易纠纷的主要类型之一。根据《期货交易管理条例》（2017年修订）第4条的规定，期货交易应当在依法设立的期货交易所、国务院批准的或者国务院期货监督管理机构批准的其他期货交易场所进行；禁止在规定的期货交易场所之外进行期货交易。中国目前可进行期货交易的期货交易场所包括上海期货交易所及其子公司上海国际能源交易中心、郑州商品交易所、大连商品交易所、中国金融期货交易所以及广州期货交易所，在其他交易场所组织开展期货交易将构成非法期货交易。

投资者所参与的交易是不是期货交易是该类纠纷的主要争议焦点。《期货交易管理条例》（2017年修订）第2条中规定："本条例所称期货交易，是指采用公开的集中交易方式或者国务院期货监督管理机构批准的其他方式进行的以期货合约或者期权合约为交易标的的交易活动。本条例所称期货合约，是指期货交易场所统一制定的、规定在将来某一特定的时间和地点交割一定数量标的物的标准化合约。期货合约包括商品期货合约和金融期货合约及其他期货合约。本条例所称期权合约，是指期货交易场所统一制定的、规定买方有权在将来某一时间以特定价格买入或者卖出约定标的物（包括期货合约）的标准化合约。"中国证监会2013年12月31日制定的《关于认定商品现货市场非法期货交易活动的标准和程序》规定，认定商品现货市场非法组织期货交易活动应采取目的要件和形式要件相结合的方式。就目的要件而言，主要是以标准化合约为交易对象，允许交易者以对冲平仓方式了结交易，而不以实物交收为目的或者不必交割实物。就形式要件而言，根据《关于清理整顿各类交易场所切实防范金融风险的决定》（国发〔2011〕38 号）和《关于清理整顿各类交易场所的实施意见》（国办发〔2012〕37 号）等文件的有关规定，一般有两大特征：1. 交易对象为标准化合约；2. 交易方式为集中交易。

根据笔者的观察，法院与证监会的认定标准基本保持一致，以标准化合约和集中交易两大要素作为判断是否构成期货交易的基本标准，一般需要同时满足标准化合约和集中交易才能认定为期货交易。从 2021 年度检索的民事裁判文书中，涉及非法期货交易案件主要集中在以下两类问题：

一是案件管辖权。根据最高院的司法解释，期货纠纷案件一般由中级人民法院管辖，当投资者以非法期货交易案件为由主张交易无效时，往往当事人就案件的管辖问题发生争议。由于涉诉案件是否构成期货交易还未形成定论，对于案件是否属于期货纠纷案件，当事人的理解存在分歧。法院关于管辖权的裁判主要分两种情形：第一种情形：法院不进行实质审查，仅以当事人起诉的案由或主张的法律关系作为认定管辖权的依据，如当事人起诉事由或主张的法律关系是与期货相关，法院便按期货纠纷确定管辖权；第二种情形：法院会对管辖权异议进行实质审查，根据原告所主张的诉讼请求和提交的证据判断诉争的法律行为是否构成期货纠纷，从而确定管辖法院。

二是地方交易场所或金融机构开展的现货递延交收业务是否属于期货交易。从现有的裁判文书上看，法院主要还是以期货交易认定的两大要素作为判断现货递延交收业务是否构成期货交易，一般未将现货递延交收业务认定为期货交易，而是认定为一种场外交易业务，主要原因是大多数现货递延交收业务采取的是一对一的交易方式，未采用集中交易的方式，未能满足期货交易的构成要件。

（二）终止净额结算制度

终止净额结算，是指金融交易双方根据协议约定，在一方发生违约或终止事件时，另一方有权终止该协议下的全部合格金融交易，并按照约定的方式轧差计算出净额，由净支付方转移给净收入方。终止净额结算制度是国际衍生品交易的基础性制度，有利于降低交易对手信用风险，防止风险交叉传染，提升衍生品市场的效率和稳定性。[①]

中国场外衍生品市场发展时间较短，目前尚未有专门法律就国际通行的终止净额结算制度进行明确的规定[②]，这也导致交易主体对于场外衍生品交易文件中约定的终止净额结算内容是否可以得到中国法律的认可和保护存有疑问，特别是当交易对手方是境外的机构时，对于该问题尤为关注。如终止净额结算制度得到中国法律的认可，交易对手方可按照净额计提风险准备资金，无需对每一笔交易计提风险准备资金，可以降低交易主体的交易成本和提高交易主体资金的使用效率。商业银行是场外衍生品市场的主要交易者之一，其通过金融衍生品交易进行利率、外汇等风险的管理和对冲，为了管理金融衍生品交易中对手方的信用违约风险，商业银行需要管理交易对手方的违约风险敞口并计提资本。当中国境内的商业银行与境外主体开展金融衍生品交易时，由于境外主体无法确定终止净额结算是否得到中国法律的认可，基于其自身的合规要求会对每笔交易的风险敞口进行单独计提资本，从而使其交易成本增加，最终影响到中国商业银行通过国际衍生品交易市场开展风险管理和对冲的活动。为此，中国银保监会办公厅于 2021 年 11 月 23 日专门印发了《关于衍生工具交易对手违约风险资产计量规则有关问题的通知》，该文件直接解决的是中国商业银行在开展衍生品交易时的净额风险敞口管理的问题，其间接通过答记者问的方式解释了中国法律和金融监管对终止净额结算的支持，以试图打消境外主体的顾虑。

从可检索的有关金融衍生品种交易纠纷的民事裁判文书中可以看出，当所涉交易方均未进入破产程序的情形下，法院对于交易双方在场外衍生品交易协议中约定的终止净额结算条款是予以支持的，只要协议是交易双方的真实意思表示，不违反法律、行政法规强制性的规定。此外，司法审判机关对待衍生品交易国际通行惯例和规则持相对包容的态度，认可符合国际交易实践的做法。

---

① 《中国银保监会有关部门负责人就〈关于衍生工具交易对手违约风险资产计量规则有关问题的通知〉答记者问》，载中国银行保险监督管理委员会网站，http://www.cbirc.gov.cn/cn/view/pages/ItemDetail.html?docId=1020671&itemId=915&generaltype=0，访问时间：2022 年 2 月 5 日。

② 《中华人民共和国期货和衍生品法（草案二次审议稿）》已对终止净额结算制度进行了规定。

五、结语与展望

2021年，中国期货市场和场外衍生品市场交易规模平稳增长。期货市场交易品种和交易合约不断丰富，场外衍生品市场日益发展壮大，金融衍生品在服务中国实体经济方面发挥着越来越重要的作用。

金融衍生品市场的法治建设也取得了重大的进展。《中华人民共和国期货法（草案）》和《中华人民共和国期货和衍生品法（草案二次审议稿）》先后提请立法机关审议并向社会公开征求意见。期货和衍生品法草案切实反映了中国金融衍生品市场的实际情况，以规范较为成熟的期货市场为草案的主要内容，同时新增了场外衍生品交易相关规定，明确了场外衍生品市场的基本原则和制度，为场外衍生品市场的发展提供了法律基础。随着中国期货市场双向开放的不断深入，草案专门规定了跨境交易和跨境监管协作等内容，为中国期货市场走向国际、争夺国际定价权提供法律的配套支持。除立法工作外，金融衍生品市场相关监管部门和行业协会分别从各自的工作职责出发，针对监管过程中出现的新问题，出台了《关于切实加强金融衍生业务管理有关事项的通知》《关于衍生工具交易对手违约风险资产计量规则有关问题的通知》《期货公司居间人管理办法（试行）》等监管和自律规范性文件，维护市场交易秩序，防范系统性金融风险，维护国家金融安全。

金融衍生品纠纷日益呈现出案情复杂、专业性程度高、解决难度大、行业特点明显等特征，同时关系到市场的稳定运行以及衍生品市场价格发现、风险管理等功能的实现。2021年中国证监会与司法部联合公布的《关于依法开展证券期货行业仲裁试点的意见》认为："仲裁作为一种法定的商事纠纷解决制度，具有专业性强、一裁终局、程序灵活、经济高效、注重保密性、裁决可依法强制执行等优势，符合证券期货纠纷解决的特点和行业发展的需要，是促进资本市场法治化和专业化的重要渠道。"这也将推动仲裁成为中国金融衍生品市场争议解决的主要方式之一。同时，选择商事仲裁将有利于中国境内市场主体与境外市场主体快速达成交易，促进金融衍生品市场国际化发展。除推行商事仲裁试点外，中国还专门成立金融法院专属管辖金融争议案件，创新金融审判方式，提升专业审判能力，为金融衍生品市场发展提供强有力的司法保障。

展望2022年，期待《期货和衍生品法（草案）》顺利通过全国人大常委会第三次审议，成为中国金融衍生品市场的首部法律。《期货和衍生品法》的施行将对期货市场和衍生品交易市场产生重大影响，市场结构、主体和业务都将发生相应的变化。为了有效实施期货和衍生品法，现行相关的行政法规、部门规章、部门规范性文件、行业自律性规范将陆续被修订或废除，同时一系列新的行政法规、规章及规范性文件也将陆续出台。期货和衍生品法的执法和司法工作将有序进行，最高院将出台新的司法解释。2022 年，《期货和衍生品法》将会是行业的焦点。

仲裁司法审查实践中的"公共政策"研究

李　娜*

● 摘　要

公共政策作为一国法律秩序的安全阀，在商事仲裁司法审查中具有重要的制度价值。但公共政策作为一个开放性的弹性条款，其本身的内涵和外延并不具体、明确。中国法院在仲裁司法审查实践中对公共政策的内涵和外延不断进行探究与解释，而且对这一概念理解和适用也随着经济和社会的发展不断发展变化。本文通过分析商事仲裁司法审查实践特别是最高人民法院在这一领域适用公共政策的典型案件，研究公共政策概念不确定性中的相对确定成分，并就国际仲裁与国内仲裁司法审查实践中如何正确理解公共政策提出思考建议。

● 关键词

仲裁司法审查　公共政策　递进识别

Abstract: As a safety valve of a country's legal order, public policy is of important system value in the judicial review of commercial arbitration. However, as an open and flexible term, the connotation

* 李娜，最高人民法院民事审判第四庭法官助理、中国政法大学国际法学院国际法专业2018级博士研究生。

and extension of public policy are not specific and clear. Chinese courts continue to explore and explain the connotation and extension of public policy in the practice of judicial review of commercial arbitration, and the understanding and application of this concept are constantly changing with the development of economy and society. By analyzing the judicial review practice of commercial arbitration, especially the typical cases of the Supreme People's Court applying public policy in this field, this paper studies the relatively certain elements from the entire uncertainty of the concept of public policy, and puts forward some thoughts and suggestions on how to correctly understand public policy in the practice of judicial review of international or domestic commercial arbitration.

Key Words: arbitration judicial review, public policy, progressive review

一、仲裁司法审查程序中的“公共政策”的基本内涵与特征

“公共政策”（public policy），是英美法系通用的概念，在大陆法系各国则称公共秩序（order public）、保留条款（vorbehaltsklausel）、排除条款（ausschie bungsklausel），中国学者称为“公共秩序”（public order）[①]。大陆法系和英美法系赋予这两个概念的内涵不尽相同，在英美法系国家，“公共政策”大多是指自由、平等、公平、自然正义等一些社会内在的价值观。在大陆法系国家，公共秩序通常指的是社会赖以建立的根本原则或价值。我国立法中，“公共政策”表述为“社会公共利益”[②]或者“公序良俗”[③]。

在仲裁司法审查程序中，当法院需要援引“公共政策”拒绝承认（认可）或执行外法域仲裁裁决、撤销或者不予执行本法域仲裁裁决时，很多时候需要对“公共政策”进行定义。关于“公共政策”的定义，我国学者认为“公

① 参见李双元:《国际私法（冲突法篇）》，武汉大学出版社2001年版，第262页。

② 《仲裁法》第58条,《民事诉讼法》（2012年修正）第237条、第274条,《民事诉讼法》（2021年修正）第244条、第281条。

③ 《民法典》第8条、第143条、第153条第2款。

共政策”有静态和动态两种含义。从静态意义上看，所谓“公共政策”，是指一国国家或社会的重大利益或者法律和道德的基本原则。[①]从动态意义上看，“公共政策”专指国际私法中一项可排除被指定适用的外国法的基本制度，即公共秩序制度，简单地说，就是运用静态意义上的公共秩序来排除外国法的域外效力。[②]有学者指出，“‘公共政策’所包含的内容，完全就是法律演变过程中，立法或司法功能上，最根本的伦理、治理和社会等诸原则和概念；而某些时候，它本身就是一个法律名词，而意味着‘公共利益的好处’，意即任何合法行为，若有侵害大众或违反公共利益之虞时，即应加禁止”。[③]不过，从仲裁司法审查的实践观察，无论是静态“公共政策”，还是动态“公共政策”，其具体适用方式和结果没有什么差异。动态“公共政策”是静态“公共政策”的适用过程，而适用的实践重点关注的是何时、何种情形可以适用，也就是在案件具体情境之下，哪些因素及其组成可以在实质上构成对“一国国家或社会的重大利益或者法律和道德的基本原则”的违反。

（一）仲裁司法审查程序中“公共政策”概念的特征

仲裁司法审查程序中的“公共政策”概念突出地表现出以下几个方面的性质（特征）：1.系统性（根本性）；2.公共性。这两个方面的特征是“公共政策”区别于其他概念的“识别性特征”，对这两个方面特征的界定决定了“公共政策”的理论构成与实践适用的内容。同时，在“公共政策”的具体适用环节，其又体现了“概括性”“变动性（时代性）”“细节（考量）性”三个方面的性质。这三个方面的性质虽然有时也在其他法律原则、法律概念的具体适用过程中有所体现，但其对于“公共政策”的适用，具有更加现实的实践价值。

首先，关于“公共政策”的识别性特征。

1.系统性（根本性）。系统性（根本性）是“公共政策”概念的主要识别特征。“公共政策”概念的系统性主要体现在这个概念反映的是“一国国家或社会的重大利益或者法律和道德的基本原则”。系统性与公共性互为表里，“公

① 黄进：《国际私法上的公共秩序问题》，载《武汉大学学报》（社科版）1991年第6期。

② 李双元、徐国建主编：《国际民商新秩序的理论建构：国际私法的重新定位与功能转换》，武汉大学出版社1998年版，第250页。

③ 邓衍森：《法律哲学上司法造法的若干问题》，转引自王利明：《司法改革研究》，法律出版社2001年版，第242页。

共政策”在公共性的基础上，必然同时具有系统性或根本性的价值内容。但具备公共性特征，并不一定必然构成“公共政策”，仅仅具有公共性的特点，利益很有可能仅仅构成公共利益事件或者公共利益观点，只有叠加上系统性或者根本性的条件，利益才有可能成为社会公共利益。实践当中，对这种系统性或根本性的确认，往往体现为法律或者行政法规的效力性强制性规定。①但应当注意的是，公共政策很多时候应当考察法律、行政法规的效力性强制性规定，但公共政策的范围不应仅仅局限于此，一些管理性强制性规定以及某些出现在部门规章等效力层次较低的规范性文件中的原则、规则等有时也代表了在特定历史时期、特定领域具有根本性的“公共利益”②，需要根据具体情况进行判断。

2. 公共性。公共性是“公共政策”的另一个识别特征。有的学者认为：社会公共利益，就是法理上通常所说的公共利益，它是指社会全体成员的利益。公共利益范畴的核心内容就是其公共性，基本内涵是指特定社会历史条件下，从私人利益中抽象出来能够满足共同体中全部或大多数社会成员的公共需要，经由公共程序并以政府为主导所实现的公共价值。③“公共政策”的公共性特征，使得这一概念有别于商事仲裁中经常出现的特定争议当事人的利益、受仲裁当事人利益辐射影响的不特定小群体的利益、其他社会个别群体的利益、地方政府的利益等缺乏“公共政策”概念下公共性特征的利益范畴。仲裁司法审查视角下“公共政策”的公共性，主要指是否违反以社会公众为利益主体、涉及整个国家、社会层级的政治、法律、经济、文化、道德等方面的共同利益。

值得注意的是，“公共性”的构成不能简单地以法律关系或者仲裁裁决当事人的多寡进行判断。“公共性”注重的是利益、原则或价值所辐射和影响的

---

① 根据《全国法院民商事审判工作会议纪要》（九民会纪要）的观点，效力性强制性规定一般包括：1. 涉及金融安全、市场秩序、国家宏观政策等公序良俗；2. 交易标的禁止买卖（如毒品、枪支等）；3. 违反特许经营规定（如场外配资合同）；4. 交易方式严重违法（如违反招投标等竞争性缔约方式）；5. 交易场所违法（如在交易场所之外进行期货交易）。

② 根据《全国法院民商事审判工作会议纪要》（九民会纪要）的观点，对于涉及金融安全、市场秩序、国家宏观政策的规章，在进行监管强度、交易安全保护以及社会影响等方面考察后，判断是否构成公序良俗。

③ 江必新主编：《新民事诉讼法理解适用与实务指南》，法律出版社 2015 年版，第 226 页。

范围，而不是利益、原则或价值的原生主体。例如，仲裁裁决保护了两个自然人之间有关赌博债务的权利要求，虽然利益的原生主体局限在两个自然人之间，表面看上去与“公共政策”没有关系，但是，裁决宣告了赌博债务受到法律保护，所辐射和影响的远远不止两个自然人，而达到了整个国家、社会层级的文化、道德的共同利益的层面。这时，可以判断裁决涉及“公共政策”。在与网络借贷平台有关的裁决中，网络平台公司获得的仲裁裁决往往都表现为仅涉及借款人个人的单独裁决，但由于涉及众多个体，这些单独裁决往往会形成一个裁决集合。此时，“公共政策”判断的重点，不应该是裁决是否仅涉及借款人本身而未指向“不特定多数人”的利益，而应当判断这些单独裁决在仅涉及借款人的某一借款事实这一单一法律关系的背后所投射出的国家对特定时期网络贷款的资格、方式、利率等的综合态度。也就是说，单个裁决传达出的态度是否足以辐射并影响社会公众的利益，是否符合特定时间和特定空间中国家和社会对网络借贷的特定评价。从这个角度观察，类似“不特定多数人的利益”的提法是值得商榷的，将“公共”的概念偷换为“不特定多数人”，实际上仍然是以或大或小的人群构成来衡量和界定“公共利益”，这种对“公共政策”“公共性”特征的错误理解，实践中容易导致“公共政策”适用的泛化。

其次，关于“公共政策”在具体适用环节的次识别特征。

1. 概括（抽象）性。概括性既是“公共政策”系统性的要求，也是“公共政策”系统性的必然结果。系统性的特征决定了“公共政策”概念涵盖的是超出一般法律原则或者法律规范的更高一层的国家或社会的根本秩序或利益方面的内容。“公共政策”难以简单使用清晰明了的规范性质的表述进行明确。有的学者认为，“公共政策”既是最确定的规则，也是最不确定的规则。其高度的确定性在于世界各国毫无例外地以国内立法或加入国际条约的形式接受“公共政策”的规则，作为保护本国利益和秩序的必要法律机制；其最不确定性在于由于各国政治、社会、法律、经济乃至人文历史的国情不同，各国对普遍接受的“公共政策”原则的确切含义、标准和适用范围始终没有共识。[①]“概括性”的特点决定了“公共政策”的适用，需要熟练的法律适用者

① 张宪初：《外国商事仲裁裁决司法审查中“公共政策”理论与实践的新发展》，载《中国仲裁咨询》2005年第1期。

在深刻理解“公共政策”内涵的基础上，审慎地完成对这一抽象概念的具象化过程，因此，“概括性”是“公共政策”适用环节最容易产生争议也最具挑战性的特点。

2. 变动性（时代性）。“公共政策”不是一个一成不变的概念。“公共政策”是时代的产物，它与其所植根的特定时代背景密切相关，其产生于其赖以生存的政治、经济、文化、法律、人文背景，并在这个特定背景中投射出背景赋予它的特定投影。当构成这个背景的光线、色彩等发生变化时，“公共政策”的投影也会发生长、短、正、斜的相应改变。社会在不断发展变化，公共政策也在不断地发展变化，这既是社会发展的要求，也是社会发展的必然结果。司法实践中，对于“公共政策”的审查判断，既要注意从既往的实践中汲取有关审查判断基本理念、基本原则的营养，又要注意当时当地的具体情形，防止刻舟求剑、泥古不化。“公共政策”的变动性特征提醒我们，即使在特定法域之内，在不同的历史时期，相同或者类似案件事实的构成完全可能产生“公共政策”判断的不同结果。例如，个人能否直接从事外贸业务、未经批准登记的对外担保行为效力以及这些行为能否达至“公共政策”层面的判断等。

3. 细节性。如果不从宏大叙事的角度去泛泛而谈，司法过程中的“公共政策”实际上充分体现了细节考量的过程与特点。这种细节考量的过程，恰恰是“公共政策”作用于司法过程必不可少的环节。在仲裁司法审查过程中，不同细节的出现及其具体组成、不同细节出现的时间都会影响“公共政策”的判断与适用。细节考量是“公共政策”概括性特征在具体适用环节必然产生的结果，同时，细节考量又是“公共政策”在具体情境中由绝对模糊向相对确定发展的必然过程。特别值得注意的是，不同于外国法适用领域“公共政策”的细节考察，仲裁司法审查中的细节考量，不仅应当包括法律关系方面的细节，也应包括仲裁裁决的细节，这两个方面的细节，构成了仲裁司法审查“公共政策”适用中的“二元”特征。这一特征，也使得仲裁司法审查中“公共政策”的考察视角因其鲜明的适用特点而截然不同于法院诉讼程序。

（二）仲裁司法审查程序中“公共政策”的适用特点

首先，“公共政策”是仲裁司法审查程序中的“否定性”概念。

“公共政策”概念的“否定性”特征，不仅体现在这一概念的立法表述方面，也体现在这一概念的具体适用方面。在立法表述方面，《民法典》第 8 条规定："民事主体从事民事活动，不得违反法律，不得违背公序良俗。"第 143 条规定："具备下列条件的民事法律行为有效：……（三）不违反法律、行政法规的强制性规定，不违背公序良俗。"可见，我国《民法典》将"不得违背公序良俗"确定为民事活动应当遵循的基本原则之一，体现了立法者致力于通过立法手段维护公共秩序和道德伦理的价值取向。在仲裁司法审查领域，《仲裁法》第 58 条规定，人民法院认定该裁决违背社会公共利益的，应当裁定撤销。《民事诉讼法》（2021 年修正）第 244 条、第 281 条规定，人民法院认定执行该裁决违背社会公共利益的，裁定不予执行。从"公共政策"概念的具体适用方式考察，无论是以法律基本原则、公序良俗还是社会公共利益来归纳"公共政策"，适用"公共政策"对某种行为或其结果进行否定性评价，并达至维护"国家或社会的重大利益或者法律和道德的基本原则"之目标，是没有什么争议的。

其次，仲裁司法审查程序中"公共政策"的客观论（结果论）的适用视角以及由此衍生的"递进识别"特点。

"公共政策"的适用条件，主要有主观说（内容说）和客观说（结果说）两种学说。[①] 在外国法适用领域的主观说主张外国法的内容与本国的公共秩序相抵触，即可援引"公共政策"排除该外国法的适用。主观说关注的是外国法本身而非具体案件的适用结果。客观说与主观说相对，其关注外国法在个案中的适用是否违反了法院地国的"公共政策"。[②]

仲裁司法审查中的"公共政策"，与外国法适用中的"公共政策"的主客观判断标准存在不同，并由此产生出了客观说（结果论）基础上的"递进识别"问题。仲裁司法审查中的主观说仅考察仲裁涉及的法律关系、法律行为是否存在违反"公共政策"的情形，而客观说则主张将审查的范围限定在裁决的结果和撤销（不予执行）裁决的结果方面。在主观说适用过程中，一旦仲裁处理的法律关系或行为本身违反的原则、规则等可以被认定为"公共政策"，则无论裁决结果如何都可以适用"公共政策"对裁决作出否定评价。但客观

---

① 参见马汉宝主编：《国际私法论文选》（上），台湾五南图书馆出版公司 1984 年版，第 332–334 页。

② 万鄂湘主编、最高人民法院民四庭编著：《〈中华人民共和国涉外民事关系法律适用法〉条文理解与适用》，中国法制出版社 2011 年版，第 45 页。

说则强调，仲裁司法审查的重点是裁决的结果对“公共政策”的影响，而不是仅局限于法律关系构成要素是否违法的层面。也就是说，按照“递进识别”的观点，法律关系构成要素以及仲裁请求内容不能单独判断和解决“公共政策”是否适用的问题。我们必须考察仲裁裁决如何判断法律关系、行为的性质并如何处理。仲裁司法审查过程虽然不可避免地会对仲裁处理的法律关系、行为的性质和仲裁请求内容进行判断，但这种判断是接下来对裁决结果进行判断的必要环节，这两个不同视角、不同层次的判断，前者是后者的基础和条件，后者是前者的目的和结果，两个相互依存的不同考察层面，形成了仲裁司法审查中特点鲜明的“结果论”基础之上的“递进识别”。

二、“公共政策”的仲裁司法审查实践——最高人民法院[①]相关案件中关于“公共政策”适用的边界界定

无论在理论上对“公共政策”概念作出怎样的界定，这一概念的落地，归根结底是一个司法实践问题。不同法域在司法实践中究竟如何适用“公共政策”，取决于相关法域所实施的法律与政策，以及受理案件的法院对“公共政策”作出的解释。

在中国的仲裁司法审查实践中，最高人民法院的态度在很大程度上决定了中国法院对“公共政策”概念的理解程度和适用方式。在涉外及外国仲裁司法审查方面，最高人民法院通过上报制度[②]将“公共政策”的适用统一于一处。2018 年国内商事仲裁涉及“公共政策”的适用问题亦统一收归最高人民法院[③]。虽然近几年国内仲裁司法审查案件的部分上报，给逐渐成熟的“公共政策”理念注入了许多新的元素。但是，考虑到在涉外仲裁及外国仲裁裁决司法审查领域“公共政策”概念较为长期持续稳定的发展演变，研究“公共政策”的仲裁司法审查实践，最高人民法院在涉外仲裁及外国仲裁裁决司法审查领域的相关案件是至关重要的切入点。

---

① 专指中华人民共和国最高人民法院。

② 1995 年 8 月 28 日，最高人民法院发布《关于人民法院处理与涉外仲裁及外国仲裁事项有关问题的通知》(法发〔1995〕18 号)。

③ 2017 年 12 月 26 日，最高人民法院发布《关于仲裁司法审查案件报核问题的有关规定》(法释〔2017〕21 号)。

在涉外仲裁及外国仲裁裁决司法审查领域，“公共政策”的考察存在一个重要的维度——时间维度，时间维度的视角可以使研究者直观地感受到司法实践的变化。按照时间顺序，笔者尽可能穷尽了自第一例适用“公共政策”的仲裁司法审查案件至新近公布的16件案件，在上述16则案例之外，近20年来，最高人民法院在涉外仲裁及外国仲裁裁决司法审查领域的其他案件中对“公共政策”的适用问题还有一些表态，但总体来说，其他案件中的表态或者并未将“公共政策”作为一个主要问题，或者所针对的问题已经被上述更为典型的案件所涵盖。此外，国内仲裁司法审查权限部分收归最高人民法院之后，国内仲裁领域也出现了几件涉及“公共政策”是否适用的案件，这些案件，分别涉及虚拟货币、赌博非法债务、《国有建设用地使用权出让合同》争议等方面，因后文专门论及国内仲裁司法审查情形，所以，这些案件没有列入本节的讨论范围。从作为研究样本的案件可以得出的初步结论是，当事人在申请撤销或者不予执行涉外仲裁裁决、申请不予承认与执行外国仲裁裁决中援用“公共政策”条款提出抗辩的情况下，最高人民法院认定其中6案应当适用“公共政策”对裁决作出否定性评价，其余10案则否定了“公共政策”的适用。从目前的实践来看，至少在涉外及外国仲裁裁决司法审查领域，我国法院对于“公共政策”的适用问题，表现是谨慎、克制和谦抑的。同时，研究样本从不同的层面和角度论及了“公共政策”的构成特征。

（一）司法实践对“公共政策”“系统性（根本性）”“公共性”特征的界定

鉴于“公共政策”的“系统性（根本性）”特征具有的无法替代的主要识别特点，理论指导之下的司法实践，“公共政策”判断的切入点往往首先就是考察一种利益或者原则是否构成“一国国家或社会的重大利益或者法律和道德的基本原则”。也就是说，仲裁司法审查实践“公共政策”适用面临的问题首先就是正确界定一种利益或原则是否具有“系统性（根本性）”要素。

经过20多年的实践，在外国仲裁裁决承认及执行与涉外仲裁裁决司法审查领域，最高人民法院初步构建了对“公共政策”的识别特征之一——“系统性（根本性）”的认识架构，这是司法实践的要求和必然结果。关于“系统性（根本性）”的认识架构包括两个对立面——肯定和否定方面。从认识论的角度观察，两个相反的方向相互交织，会形成认识方面的张力，在张力的作用下，两个方向的特征都各自被放大，这有助于我们对这两个不同的相反方向进行考察并得出结论。

首先，关于“系统性（根本性）”的肯定方面。在2010年日本信越化学工业株式会社申请承认日本商事仲裁协会东京07-11号仲裁裁决案中，最高人民法院首次明确指出：“关于公共政策问题，应仅限于承认仲裁裁决的结果将违反我国的基本法律制度、损害我国根本社会利益情形。”[①]在2012年韦斯顿瓦克公司（Western Bulk Pte. Ltd.）申请执行英国仲裁裁决一案中，最高人民法院再次明确：“公共秩序应当严格解释和适用，只有在承认和执行外国商事仲裁裁决将导致违反我国法律基本原则、侵犯我国国家主权、危害国家及社会公共安全、违反善良风俗等危及我国根本社会公共利益情形的，才能援引公共政策事由。仲裁裁决结果是否公平不构成违反公共政策。”[②]在2013年Castel Electronics Pty Ltd.申请承认及执行外国仲裁裁决一案中，最高人民法院认为：“违反公共政策，应当理解为违反我国法律基本原则、侵犯我国国家主权、危害社会公共安全、违反善良风俗等足以危及我国根本社会公共利益的情形。”[③]这些论断，集中体现了仲裁司法审查实践中，对“公共政策”“系统性（根本性）”肯定方面的基本认识。

其次，对“公共政策”“系统性（根本性）”认识的另外一个方面，主要表现在适用“公共政策”对仲裁裁决作出否定性判断的案件中。相对于从正面界定的角度论述“公共政策”，反面否定的角度更加容易帮助我们对于“公共政策”内涵的理解。例如，最高人民法院最早适用“公共政策”的案件中，[④]涉及对“文化管制”“国情”的类似表述，尽管该案因其鲜明的时代局限而颇有争议，但其对“公共政策”构成要素的考量，不失为一个可资借鉴的先例。又如，一件以违反“公共政策”拒绝承认与执行国际商会仲裁院仲裁裁决的案件中，最高人民法院明确提及了“中国司法主权”和“中国法院的司法管辖权”。[⑤]2017年，有关司法主权的概念再一次得到强调，最高人民法院决定

① 最高人民法院（2010）民四他字第32号。

② 最高人民法院（2012）民四他字第12号。

③ 最高人民法院（2013）民四他字第46号。

④ 最高人民法院 他（1997）35号。

⑤ 最高人民法院（2008）民四他字第11号。

以违反“公共政策”拒绝承认与执行英国裁决并在相关表述中认为：“在中国法院已对仲裁条款存在及效力作出否定性判断的前提下，承认及执行基于上述仲裁条款作出的仲裁裁决，其结果是对相同事实作出相反判断，有违国家法律观念和司法判断的统一。”[①] 这些表述，较为突出地体现了中国法院在判断“公共政策”构成要件时重点关注的内容。

（二）目前较为明晰的可以构成“公共政策”“系统性（根本性）”“公共性”的事件或要素

总体上说，最高人民法院在仲裁司法审查领域适用“公共政策”的案件总量很少，在浩如烟海的仲裁司法审查案件中，孤独的6件适用“公共政策”的案件具有很强的象征意义。这6件案件试图在案件事实的范围内，尽量采用确定性方法对公共政策这一模糊的术语进行符合逻辑的界定，并进一步通过价值判断完成对公共政策从概念到观点的具体适用过程。可以说，至少在下列领域内，中国法院对于“公共政策”的态度是明确的。

1. 涉及仲裁与法院管辖（主管）权的确认与分配

关于这一问题，前文所述认定仲裁裁决侵犯中国司法主权和中国法院的司法管辖权的三个成例情况分别如下：

A. 济南海慕法姆制药有限公司申请承认与执行国际商会仲裁院仲裁裁决案[②]。苏拉么媒体有限公司、MAG国际贸易公司、Hemofarm DD与济南永宁制药股份有限公司成立合资企业济南海慕法姆制药有限公司，在《济南海慕法姆制药有限公司合资合同》中约定仲裁条款。后济南永宁制药股份有限公司与合资公司就租赁合同纠纷产生争议，济南永宁制药股份有限公司向济南市中级人民中院起诉并申请财产保全，济南中院作出保全裁定，合资公司向济南中院提出的管辖权异议被驳回，后济南中院就该租赁合同纠纷作出判决。苏拉么媒体有限公司、MAG国际贸易公司、Hemofarm DD以合资合同中的仲裁条款为依据，以济南永宁制药股份有限公司为被申请人向国际商会仲裁院申请仲裁。国际商会仲裁院裁决涉及了济南永宁公司制药股份有限公司向人民法院申请财产保全的合法性、人民法院对租赁关系是否具有管辖权、济

① 最高人民法院（2017）最高法民他140号。

② 最高人民法院（2008）民四他字第11号。

南永宁制药股份有限公司向申请人赔偿诉讼费用等内容。最高人民法院认为，在中国有关法院已就济南永宁制药股份有限公司与合资公司之间的租赁合同纠纷裁定对合资公司的财产进行保全并作出判决的情况下，国际商会仲裁院对案涉纠纷进行裁决，侵犯了中国司法主权和中国法院的司法管辖权，从而认定违反我国公共政策，对案涉裁决不予承认和执行。

B. Wicor Holding AG 申请执行国际商会仲裁院在香港作出的仲裁裁决案。[①]Wicor Holding AG 申请执行国际商会仲裁院仲裁裁决之前，江苏省高级人民法院在审理当事人就同一《中外合资泰州华威绝缘材料有限公司合资合同》项下的另一纠纷时，于 2012 年已经作出生效裁定认定仲裁条款无效。最高人民法院认为，仲裁裁决是仲裁员在认定案涉仲裁条款有效的前提下作出的，在之前的另案纠纷中，法院已作出生效裁定认定仲裁条款无效，在内地执行该仲裁裁决与上述生效裁定相冲突，违反内地社会公共利益，案涉仲裁裁决不予执行。

C. 帕尔默海运公司申请承认和执行外国仲裁裁决案。[②]承认及执行仲裁案件的被申请人中牧实业股份有限公司于2016年5月20日向广州海事法院起诉，要求申请人帕尔默海运公司承担货损责任，帕尔默海运公司以双方存在仲裁协议为由提出管辖权异议并于稍后发起仲裁，中牧实业股份有限公司对仲裁管辖权提出异议。案涉仲裁裁决由伦敦仲裁庭于 2016 年 9 月 9 日作出，广州海事法院于 2017 年 10 月 16 日作出裁定，认定仲裁条款无效并驳回帕尔默海运公司的管辖权异议。最高人民法院的观点进一步表达了对司法管辖权和司法主权的重视，并且十分小心地完善了执行仲裁裁决——与法院生效裁定相冲突——违反公共利益环节的逻辑关系。最高人民法院认为，对公约项下仲裁裁决的承认与执行，隐含了执行地国法院对裁决依据之仲裁条款存在和效力的肯定态度。在一国法院已对仲裁条款之存在及效力作出否定性判断的前提下，承认及执行基于上述仲裁条款作出的仲裁裁决，其结果是在同一法域针对相同的法律事实和法律作出了截然相反的司法判断，这种自相矛盾的情形有违国家法律价值观念的统一和司法判断结论的一致。因此，案涉仲裁裁决构成

---

① 最高人民法院（2016）最高法民他 8 号。

② 最高人民法院（2017）最高法民他 140 号。

《纽约公约》第5条第2款乙项规定之情形，不应予以承认和执行。[①]可以说，这是一个逻辑严密、表达清晰的论述。论述不仅以预置前提的方式解决了“与法院生效裁定相冲突——违反公共利益”这一推论过程的隐含条件，即对公约裁决的承认与执行，隐含了法院对仲裁条款效力的肯定。论述并且从结果的角度（在同一法域针对相同的法律事实和法律作出了截然相反的司法判断）建立了“与法院生效裁定相冲突”——“违反公共利益”的令人信服的逻辑联系。

通过以上不断重申并深化的过程，最高人民法院确立的原则是，在承认及执行外国仲裁裁决的司法审查时间节点，如果法院生效裁定已经认定仲裁庭没有管辖权（仲裁协议不成立、无效、失效、不可执行等），承认及执行裁决与法院生效裁定相冲突，构成违反“公共政策”的情形。

在涉及仲裁与法院管辖（主管）权的确认与分配领域，另外一个需要注意的问题是，应当严格区分仲裁管辖与法院生效裁定（关于仲裁条款效力）发生冲突以及仲裁裁决实体内容与法院生效判决（裁定）发生冲突的情形，并根据不同的细节要素进行综合考量。在仲裁裁决对于争议法律关系的性质、基本事实认定甚至相同或类似争议的处理结果等方面与法院涉及相关争议的生效判决（裁定）存在不同时，应当根据案件的具体情况进行判断，除非涉及管辖方面的冲突，在仅仅涉及实体问题判断的情况下，“公共政策”的适用并不是绝对的。

---

① 有的观点认为，此案不应适用“公共政策”，应当适用《纽约公约》第5条第1款甲项有关“仲裁协议依裁决地所在国法律系属无效”的内容判断是否应当拒绝承认及执行。相似的观点认为，根据《纽约公约》的规定，判断仲裁条款效力的准据法为仲裁地法，如果依照仲裁地法仲裁条款有效，则不应出现适用中国法判断仲裁条款效力的情况，裁决不应被否定。上述观点对类似案件的具体事实情况缺乏深入的了解。本案涉及提单仲裁条款是否并入租约的判断，实践中，中国法院的海事审判部门将“是否并入”的问题一直作为事实问题看待，这样，公约相关条文中判断仲裁协议是否“无效”的准据法标准没有适用的前提，是否有效并入且能否仲裁的问题实际上是适用法院地法判断完成的。这样，实践中的矛盾就是，中国法院通常认为上述并入没有达到实质上或者形式上的某些特定要求而未能完成，相关当事人之间缺乏仲裁协议。但仲裁庭（伦敦仲裁居多）则往往认为按照英国法律并入有效，仲裁条款约束相关当事人。所以，抛开案件事实的特殊渊源而泛泛地谈论公约第5条的适用并不是严谨务实的态度。也正是因为提单仲裁条款并入问题的特殊性，中国法院依照中国法判断因缺乏有效并入而不存在仲裁协议之后，对于外国仲裁裁决的审查路径就不会再涉及依照《纽约公约》以仲裁地法判断仲裁条款效力的问题。这种情况下“公共政策”的适用针对的是中国法院认定结论与仲裁庭仲裁权来源的无法调和的矛盾。

2. 针对“虚假仲裁”对“公共政策”“公共性”及“系统性（根本性）”特征的阐述

如果说在涉及仲裁与法院管辖（主管）权的确认与分配领域，法院判断“公共政策”的侧重点主要在于“公共政策”的“系统性（根本性）”特点的话，在虚假仲裁情形下适用“公共政策”，考量的重点则更加突出“公共政策”的“公共性”特征。同时，从“公共性”的角度分析虚假仲裁场景下“公共政策”的适用问题，也有助于我们建立真正的“公共性”视角，这对于正确判断“公共政策”的适用具有非常重要的实践意义。

对于法院认定的虚假仲裁裁决适用“公共政策”，最高人民法院最早于2017年，就珠海仲裁委员会一件涉外仲裁裁决的执行问题明确表态。在该案中，最高人民法院认为：“虚假仲裁裁决，表面看是损害特定当事人的合法权益，似不属于社会公共利益范畴，但从实质看，是仲裁当事人恶意串通，以捏造事实、伪造证据、虚构法律关系等不正当手段，利用仲裁获取非法利益。人民法院若对虚假仲裁作出执行的裁定，相当于承认该仲裁裁决，会对社会公众造成误导，对司法公信力造成严重威胁，也有违诚实、公平、诚信的基本法律原则和基本社会道德。”[①] 这段论述，实际上揭示了“公共政策”考量中的“公共性”观点，并且建立了“公共性”观点考察的一方面逻辑链条，即在逻辑上如何从表面上损害特定当事人的合法权益引申为违反社会公共利益，这种逻辑链条对后文即将涉及的“公共性”考察的另一个逻辑链条提供了一种启示，在另外一个逻辑链条中，仲裁裁决表面上损害了社会公共利益，但实际上损害仍然局限在特定当事人之间，难以构成“公共政策”的“公共性”基础。

可以这样认为，在进行“公共政策”适用的判断时，至少在表面证据方面，虚假仲裁在“公共政策”的“根本性”特征方面并不十分突出，唯有通过逻辑的推演，发掘虚假仲裁在“公共性”方面的必然影响，才能发现虚假仲裁因其“公共性”所必然导致的“根本性”特点。

（三）需要结合案件事实进行判断，不能单独认定构成“公共政策”“系统性（根本性）”“公共性”的事件或要素

在20余年的司法实践中，最高人民法院以批复的形式，对“公共政策”

---

① 最高人民法院（2017）最高法民他42号。

适用的若干情形做了否定性表态。但是，这些态度与上述涉及仲裁与法院管辖（主管）权的确认与分配以及虚假仲裁的情形有所不同，这些表态，虽然否定了适用“公共政策”对仲裁裁决作出消极判断的某种路径，但其中涉及的考察因素，并未成为明晰且确定的可以单独判断是否构成“公共政策”“公共性”以及“根本性”特征的要素。在具体的案件情境中，如果出现这些因素，是否可以认定构成违反“公共政策”，尚需结合案件具体情况，综合考量案件要素作出判断。

这些事件或要素主要包括以下几个方面：

1. 违反法律、行政法规的强制性规定

仲裁裁决违反法律、行政法规的强制性规定情形，是否构成违反“公共政策”，目前最高人民法院有关复函的表述都是“不当然”“不能完全等同于”，这种表述，虽然没有否定“法律、行政法规的强制性规定”与“公共政策”之间的联系，但从现有案例来看，如果仲裁当事人仅仅存在违反“法律、行政法规的强制性规定”的行为，并不一定能达到“公共政策”的“公共性”与“根本性”的要素。这种认识的基础在于：一方面，法律、行政法规的强制性规定涉及效力性和管理性强制性规定，而后者大多并不涉及“公共政策”；另一方面，效力性强制性规定中，在涉及金融安全、市场秩序、国家宏观政策等方面且从监管强度、影响范围等方面综合考量可以构成“公共政策”事项之外，涉及具体交易方式、交易标的、交易场所等违反法律规定的情形，仍然需要结合案件的具体情况对是否构成“公共政策”进行判断。

最高人民法院在2001年针对一件申请承认及执行斯德哥尔摩商会仲裁院第060/1999号仲裁裁决的复函中认为：“海南省纺织工业总公司作为国有企业，在未经批准并办理外债登记手续的情况下，对日本三井物产株式会社直接承担债务，违反了我国有关外债审批及登记的法律规定和国家的外汇管理政策。但是，对于行政法规和部门规章中强制性规定的违反，并不当然构成对我国公共政策的违反。”①

最高人民法院在一件涉及未经批准从事境外期货交易的案件中认为：“依照我国有关法律法规的规定，境内企业未经批准不得擅自从事境外期货交易。中国糖业酒类集团公司未经批准擅自从事境外期货交易的行为，依照中国法

① 最高人民法院（2001）民四他字第12号。

律无疑应认定为无效。但违反我国法律的强制性规定不能完全等同于违反我国的公共政策。”[①] 与上述两个案件相联系的是，在另外一件涉及仲裁裁决“与现行法律规定相冲突”的案件中，最高人民法院则肯定了适用“公共政策”的必要性。

厦门胡里山炮台管理处申请撤销中国国际贸易仲裁委员会仲裁裁决案[②]，厦门胡里山炮台管理处与亿兆宝石（新加坡）私人有限公司签订《合作经营厦门荣光文物宝藏展览有限公司合同书》，约定双方合作经营厦门荣光文物宝藏展览有限公司。展期经两次延期后，厦门海关与国家文物局不再批准上述展览继续进行。亿兆宝石（新加坡）私人有限公司以违约为由对厦门胡里山炮台管理处提出仲裁，中国国际贸易仲裁委员会认定厦门胡里山炮台管理处未能继续履行合同构成违约应当赔偿损失。最高人民法院认为，根据厦门海关于2007年5月10日作出的《关于厦门荣光文物藏展览有限公司办理延展手续的复函》以及国家文物局于同年6月1日作出的《关于不同意“厦门荣光文物宝藏展览”延长展期的批复》，合作公司不得再次延展涉案文物宝藏。因此，继续履行合同将出现法律上的障碍。但是仲裁裁决以厦门胡里山炮台管理处未继续组织剩余展品的展出工作、未恢复合作合同的履行构成违约为由，裁决赔偿亿兆宝石（新加坡）私人有限公司的损失，该裁决实际上是要求厦门胡里山炮台管理处违法进行展览活动，从而导致裁决与现行法律规定相冲突，应当以违反社会公共利益为由撤销仲裁裁决。

从上列三个案例可以看出，我们不能简单地根据第一个、第二个案件就得出“违反行政法规和部门规章中强制性规定”不构成对我国“公共政策”的违反的结论。相反，第三个案例说明了“法律、行政法规的强制性规定”与“公共政策”之间的联系，在第三个案例中，事件的要害在于仲裁庭明知继续履行合同存在法律上的障碍，但仍然按照继续履行合同判断当事方的权利义务，并导致裁决与法律规定冲突的实际结果。可以说，仲裁裁决对“现行法律规定”的无视增加了裁决及其撤销与否的“公共性”和“根本性”特征，并触发了“公共政策”适用的阀门。

2018年，最高人民法院再一次精细区分了仲裁涉及的行为违反法律规定

① 最高人民法院（2003）民四他字第3号。

② 最高人民法院（2013）民四他字第27号。

与仲裁裁决肯定违法行为之间的差别。在德邦基金管理有限公司与上海汇雷投资管理中心（有限合伙）申请撤销（2016）中国贸仲京（沪）裁字第193号仲裁裁决一案中，当事人之间签订的《资产计划管理合同》约定的操作细节违反了《证券法》《证券投资基金法》的规定。但是，仲裁裁决专业而谨慎地仅就德邦基金冻结账户后，汇雷投资无法使用德邦基金配资，后者应向汇雷投资返还多支付的利息120万元和限制交易后德邦基金采取放任态度致使汇雷投资损失扩大的部分进行了裁决，最高人民法院认为“仲裁裁决并未对违反《中华人民共和国证券法》《中华人民共和国证券投资基金法》等法律规定的行为予以肯定，案涉仲裁裁决不存在违背社会公共利益的情形”①。这样，仲裁当事人行为违反法律规定的情形并未引导仲裁裁决产生“肯定违法行为”的结果，法院在细节考量的基础上，从裁决未触及“公共政策”的“根本性”要素角度否定了挑战裁决的企图。

仲裁裁决违反法律、行政法规的强制性规定是否构成违反“公共政策”，并不能脱离具体案件情况得出一个笼统的结论。对这一问题的判断，体现了非常明确的“结果”导向倾向。也就是说，在仲裁庭对当事人之间的法律关系和权利义务已经作出判断的前提下，判断仲裁裁决是否构成违反“公共政策”，不应当局限于当事人行为及其设定的法律关系是否违法的范畴，而应当重点考察仲裁裁决对违法状态的态度以及实际处理方式。仲裁裁决对“现行法律规定”的态度决定了仲裁裁决是否触及了“公共政策”的“公共性”及“根本性”的构成特征。

2. 仲裁庭错误理解或者适用法律

2010年，最高人民法院在申请承认及执行国际油、种子和脂肪协会第3980号仲裁裁决一案中认为：“本案仲裁员认为中国法律法规的规定与实践中的适用存在明显差距，但该错误认识并不会导致承认与执行该仲裁裁决违反我国公共政策。因此，本案适用公共政策为由拒绝承认与执行该仲裁裁决缺乏足够依据。”② 值得注意的是，上报该案的广东省高级人民法院认为：“涉案仲裁裁决对我国的法律作出否定性评价和曲解，损害了我国法律法规的权威性，违背了我国的公共政策。”

---

① 最高人民法院（2018）最高法民他43号。

② 最高人民法院（2010）民四他字第48号。

当存在仲裁庭错误理解或者适用我国法律的情况时，是否构成“公共政策”应当根据案件情况进行具体判断。如果仅仅是错误适用法律或者在案件事实方面与生效裁判认定不同，一般难以达到适用“公共政策”的程度。2017年，最高人民法院在承认及执行新加坡国际仲裁中心2011年第130号仲裁裁决一案的复函中认为：“仲裁庭适用我国法律适当与否，影响的仅是赔偿金额，并不构成对我国公共政策的违反。”[①] 如果错误理解或者适用法律的程度或者指向的内容涉及生效裁判的结论性内容或者从根本上推翻了生效裁判的结论，则应当结合其他因素考量是否达到了“公共政策”的“公共性”与“根本性”标准。在前文论及的济南海慕法姆制药有限公司申请承认与执行国际商会仲裁院仲裁裁决案[②]中，国际商会仲裁院的裁决不仅涉及了案件实体问题，而且对济南永宁公司制药股份有限公司向人民法院申请财产保全的合法性、人民法院对租赁关系是否具有管辖权、济南永宁制药股份有限公司向申请人赔偿诉讼费用等内容方面均作出了与生效判决相冲突的判断，这种情形就不能简单归结为仲裁庭错误理解或者适用我国法律，而应当认为已经牵涉司法主权问题了。此外，有些错误适用法律的情况如果涉及法律的基本原则，在判断结论方面也会有所不同。

3. 仲裁实体结果是否公正

最高人民法院在2008年针对一件申请承认及执行斯德哥尔摩商会仲裁院仲裁裁决的案件中认为：“在飞轮公司根据合同中有效的仲裁条款就设备质量问题提请仲裁的情况下，仲裁庭对设备质量作出了评判，这是仲裁庭的权力，也是当事人通过仲裁解决纠纷所应当承受的结果。不能以仲裁实体结果是否公平合理作为认定承认和执行仲裁裁决是否违反我国公共政策的标准。”[③] 在另外一件申请不予执行香港国际仲裁中心仲裁裁决的案件中，上报法院浙江省高级人民法院认为：“来宝公司进口到厦门的该批大豆存在质量瑕疵，会给食用油和豆粕带来严重的安全卫生问题。我国政府出于保护国内食品卫生安全和消费者生命健康为目的发布禁令，符合国际惯例和我国法律。中粮公司遵守政府禁令并无过错，仲裁庭让中国企业承担所有责任有失公允。”最高人民

① 最高人民法院（2017）最高法民他44号。

② 最高人民法院（2008）民四他字第11号。

③ 最高人民法院（2008）民四他字第48号。

法院的复函认为“没有证据表明涉案货物会带来严重的安全卫生问题”，[①] 并否定了上报法院的意见，这也从侧面反映了仲裁实体结果是否公正不应作为考察“公共政策”“公共性”和“根本性”的唯一标准。

2012年的韦斯顿瓦克公司申请承认及执行英国仲裁裁决一案中，上报法院与最高人民法院的认识分歧较为明显地反映了后者对这一问题的观点。在该案中，《航次租船包运合同》并未对违约责任和违约损失作出约定，仲裁被申请人已经将所有实际产生的运费全部结清。仲裁庭将申请人所有预期产生的利润作为申请人的损失，并在计算预期利润时，以船舶满载为假设前提计算运费预期成本，并要求被申请人赔偿上述并未实际产生的各项费用。上报法院认为上述情形没有事实和法律依据，显失公平，严重危害了中国当事人的利益，有违我国社会公共利益。最高人民法院不仅重申了“公共政策”的“根本性”特征，即“只有在承认和执行外国商事仲裁裁决将导致违反我国法律基本原则、侵犯我国国家主权、危害国家及社会公共安全、违反善良风俗等危及我国根本社会公共利益情形的，才能援引公共政策事由”。对于裁决实体结果问题，最高人民法院否定了仲裁裁决结果显失公平构成违反“公共政策”的观点。[②]

不单纯将仲裁结果是否公平作为考察是否违反“公共政策”的要素，实际上反映了对“公共政策”概念构成中“公共性”特征的关注。“公共政策”关注的重点不是个案公平或者个别当事人的利益，也不单纯判断裁决结果对个别当事人权利义务的影响，“公共政策”关注的是裁决及其执行结果所产生的更高层次、更广范围的关系、利益和原则。

三、国内仲裁司法审查实践对“公共政策”提出的新问题与新挑战

2018年后，随着国内仲裁司法审查案件中涉及“公共政策”的案件最终决定权收归最高人民法院，“公共政策”的司法审查实践出现了一些新的情况。

我国国内立法没有“公共政策”这一概念，在法律表述中是以“社会公共

① 最高人民法院（2009）民四他字第2号。

② 最高人民法院（2012）民四他字第12号。

利益”“公序良俗”来表达“公共政策”内涵的。[①] 在实践中，通常可以见到“公共秩序”“善良风俗”“公序良俗”等不同表述。[②] 从立法的出发点观察，我国立法中的“社会公共利益”“公序良俗”等都是以我国的自身利益为最终保护目标，在一定程度上说，我国国内法概念中的“公共政策”实际上是一种“国内公共政策”，或者说应当理解为是“民法意义上的公共政策”，它的范围包括习惯法上所承认的国内政策以及当事人所必须遵守的调整特定关系的国内立法及其他规范的总和。在司法观点方面，国内仲裁司法审查案件中对“公共政策”的理解和认定，一方面需要采纳国际商事仲裁领域成熟做法的合理内核，另一方面国内仲裁司法审查领域“公共政策”的理解，又需要更多关注国内仲裁领域的特有情况，更多关注相关法律行为及法律关系之合法性问题。

（一）国内仲裁司法审查实践与“公共政策”“公共性”要素的凸显

基于前述国内立法对“公共政策”规范的特点，与国际商事仲裁相比，国内仲裁司法审查中对于“公共政策”之“公共性”的认识与界定成为一个非常重要的现实问题。在国际商事仲裁司法审查领域，法院更加关注“公共政策”之“根本性”特征的审查与界定，“公共性”特征在前文述及的仲裁司法审查领域并未成为一个突出的问题。对虚假仲裁情形的判断，虽然建立了“公共性”观点考察的一个逻辑链条，即在逻辑上如何从表面上损害特定当事人的合法权益引申为违反社会公共利益，但没有在另外一个逻辑链条中对“公共性”问题进行深入分析。这个逻辑链条就是，有时仲裁裁决看上去损害了社会公共利益但实际上损害仍然局限在特定当事人之间，难以构成“公共政策”的“公共性”基础。国内仲裁司法审查面临的任务，就是从这样一个不同于涉外仲裁司法审查的角度，对“公共性”的逻辑链条进行完善。对这个逻辑链条进行完善的目的就在于，正确划分“公共政策”和特定当事人的利益，限制

---

① 在国内立法方面，一些法律及司法解释均不同程度地涉及“社会公共利益”“公序良俗”的概念。例如，《仲裁法》第 58 条规定，人民法院认定该裁决违背社会公共利益的，应当裁定撤销。《民事诉讼法》（2021 年修正）第 244 条、第 281 条规定，人民法院认定执行该裁决违背社会公共利益的，裁定不予执行。《民法典》第 153 条规定，违背公序良俗的民事法律行为无效。《最高人民法院关于审理民间借贷案件适用法律若干问题的规定》（2020 年第二次修正）第 13 条第 6 项规定，违背公序良俗的，应当认定民间借贷合同无效。

② 杨弘磊：《中国内地司法实践视角下的〈纽约公约〉问题研究》，法律出版社 2006 年版，第 344 页。

并规范“公共政策”的适用。

国内仲裁司法审查实践中，较为常见的问题是，如何正确区分仲裁裁决触及的“利益”范围是当事人利益、当事人辐射人群利益、地方政府利益还是公共利益。例如，A公司与地方政府规划部门签订《土地出让合同》，合同中有仲裁条款，在合同附件中约定“建筑每层的分割单元不得超过N个”的内容，后A公司以存在重大误解为由提交仲裁，要求撤销上述约定。仲裁庭认为构成重大误解，裁决撤销“建筑每层的分割单元不得超过N个”的约定。地方政府规划部门认为裁决违反社会公共利益，请求撤销仲裁裁决。有的观点认为，仲裁裁决撤销合同中的相关约定，变更了土地出让条件，案涉土地使用权的土地出让金没有达到最大化，政府因此没有实现社会公共利益的最大化，扰乱了国有土地出让市场交易秩序和城市建设规划管理秩序，具有负面示范效应。因此，仲裁裁决构成违反社会公共利益。在本例中，地方政府是作为《土地出让合同》的一方当事人出现，土地出让行为固然是为了实现地方管理职能，但就单独的土地出让行为而言，地方政府能否因其区域行政管理职能而自动取得对“社会公共利益”的代言地位是值得深入思考的问题。

又如，九江仲裁委员会对江西省辉煌建设集团有限公司（以下简称辉煌公司）与江西润馨实业有限责任公司（以下简称润馨公司）建设工程施工合同纠纷作出裁决，[①]认定双方签订的《建设工程施工合同》无效，润馨公司支付辉煌公司已完工工程款31565473.62元等。针对双方争议的工程质量问题，裁决认为：“主张质量合格是建设方的权利，但应当在合理期限内主张，逾期主张应另案处理。本案审结并不等于确认工程质量合格，鉴定机构确认的工程款数额也只是在推定工程质量合格的基础上作出，润馨公司可在另案中主张工程质量索赔。”润馨公司申请撤销上述裁决，主要理由是案涉施工工程质量关系众多房屋消费者利益，润馨公司有证据证明工程质量不合格，仲裁裁决未理会工程质量问题，裁决结果违反社会公共利益。九江市中级人民法院认为，仲裁裁决既已认定双方当事人签订的《建设工程施工合同》因涉及违法挂靠和分包而无效，又在工程尚未竣工且没有证据证明工程质量合格的情形下径直裁决润馨公司向辉煌公司给付工程款，缺乏法律依据，违背社会公共利益并撤销相关裁决。其中，判断“公共政策”的逻辑链条是：建设工程质

① 九江仲裁委员会（2016）九仲裁字第19号。

量关乎人民生命和财产安全——→承包人要取得工程价款须首先履行工程质量保证义务——→工程尚未竣工且没有证据证明工程质量合格——→裁决给付工程款。结论：违背社会公共利益。[①] 本案中，《建设工程施工合同》虽因违法而无效，但裁决没有对合同效力作出有违法律规定的评价，也并未否定基于工程质量提出索赔的权利。至少就现有的条件来判断，本案“公共政策”的适用是值得商榷的。

海南亿兴城建投资有限公司（以下简称亿兴公司）与中城建第六工程局集团有限公司（以下简称中城建公司）签订《建设工程施工合同》，亿兴公司将道路工程发包给中城建公司施工，结算部分约定：由政府和亿兴公司共同选定有资质的审计机构予以确认，最终尾款的支付按政府确认的经审计的决算金额为准。工程款结算过程中，双方仅签署了由第三方单位审定、出具的《工程结算审查书》，未能进行审计。中城建公司提起仲裁要求支付尾款后，仲裁庭支持了其仲裁请求。[②] 海口市中级人民法院认为：“涉案工程为市政道路工程，最终结算款由政府财政拨付，且双方在上述合同中对合同尾款的支付条件已经明确约定，而仲裁庭以双方在《结算审定签署表》盖章的行为足以构成双方对工程总价款的确认为由裁决亿兴公司支付工程尾款，其后果是市政工程款的支付未经政府审计而直接支付，所损害的是社会公共利益。”[③] 在本案中，法律关系构成要素不存在违反“公共政策”的情形。仲裁请求未经审计，虽与合同约定不符，但上升不到违反“公共政策”的程度。仲裁庭根据双方认可的文件确定总价款并裁决支付，属于仲裁庭对事实判断和认定范畴。

从“公共性”的标准进行衡量，司法审查的任务在于探究如何在具体案件或者具体当事人利益与公共利益之间建立一种合理的逻辑关系。如果缺乏这种合理的逻辑关系，不对“公共性”的构成进行精细的推演和区分，那么几乎所有与个体或者地方政府有关的仲裁事项最终都可以落入“公共政策”的藩篱之内。而解决这一问题的思路，就是在框定“公共性”要素的时候，必须加入“根本性”考量，“公共性”必须是体现了“根本性”的“公共性”。就上述案例而言，因分割单元数目变化导致少收土地出让金的结果，虽然在

---

① 九江市中级人民法院（2017）赣04民特15号。

② 海口仲裁委员会（2014）海仲字第368号。

③ 海口市中级人民法院（2015）海中法仲字第10号。

一定程度上会对地方政府辖区内的公共事务产生影响（如果有的话），但很难与社会及其公众最根本的法律、道德、社会利益发生联系。建设工程质量是否合格，是否应当支付工程价款均属于仲裁案件的实体问题，应当由仲裁庭自行判断。即使建设工程质量不合格，也是当事人通过其他途径主张权利或者由主管部门进行处罚的问题。仲裁庭裁决对一项争议工程支付工程款，即使这项工程涉及市政、公用项目，其裁决的动机和结果很难与社会公共利益建立令人信服的逻辑联系。

北京市第四中级人民法院在一件涉及社会公共利益的国内仲裁司法审查案件中，对类似问题提出："公共利益关系到全体社会成员的利益，为社会公众享有，为整个社会发展所需，不同于当事人的利益。"[①] 在另外一件案件中，该院认为："违背社会公共利益，是指违背以社会公众为利益主体的，涉及整个社会最根本的法律、道德的共同利益。"[②] 最高人民法院在国内仲裁司法审查案件部分管辖权收回后的一件复函中认为："赤峰市国土资源局元宝山分局与赤峰宝山仕家房地产开发有限公司因履行《国有建设用地使用权出让合同》产生争议。仲裁裁决作出后，赤峰市国土资源局元宝山分局作为合同主体，承担相应责任的费用来源于财政支出，上述情形虽然会在一定程度上导致财政支出增加并间接涉及不特定多数人，但仅涉及特定行政区域范围内特定行政部门财政支出增加的情形并不足以认定违背社会公共利益。"[③] 这一针对"特定行政区域范围内特定行政部门财政支出增加"与"公共政策"之间关系的分析是十分清晰的。

在另外一个逻辑链条中对"公共政策"的"公共性"问题进行深入分析，并通过"根本性"要素在具体案件或者具体当事人利益与公共利益之间建立一种合理的逻辑关系，可以防止"公共政策"蜕变为入侵仲裁肌理并进行广泛实体审查的工具。

（二）社会变革与法律关系、法律观念的变化对"公共政策"演进的影响显性发展，"公共政策"需要不断因时应势作出及时的反应和调整

"公共政策"与其说是一个概念，不如说更接近于一种观念。"公共政策"

---

① 北京市第四中级人民法院（2020）京 04 民特 661 号。

② 北京市第四中级人民法院（2020）京 04 民特 607 号。

③ 最高人民法院（2018）最高法民他 204 号。

不是一成不变的，社会生产与社会生活的发展变化以及随之而来的法律关系、法律规制的发展，新的法律关系客体、法律关系内容的出现，都需要结合“当下”的时代背景对“公共政策”的内涵进行判断。

例如，“虚拟货币”出现后，如何认识它的性质，是否允许对“虚拟货币”的占有？是否允许对“虚拟货币”的兑付、流通？在立法层面尚未对“虚拟货币”作出明确规定的情况下，有关部门以“通知”“公告”形式发布的文件实质上禁止了“虚拟货币”的兑付、交易及流通，如何看待这些“通知”“公告”的性质？其是否实质性地构成“公共政策”的内容？这些“通知”“公告”是否应当上升为法律、行政法规才能在“公共政策”的适用中认定具有“根本性”？在涉及“虚拟货币”的争议中，仲裁庭有没有可能在仲裁过程中不触发适用“公共政策”的“发火绳”？这些问题的解决，都需要仲裁司法审查实践对社会生活的广泛及敏锐的关注。

又如，关于职业放贷人。我国民事法律中，一直没有“职业放贷人”的概念，直至2019年末，《全国法院民商事审判工作会议纪要》第一次明确提出“职业放贷人”的概念。即“未依法取得放贷资格的以民间借贷为业的法人，以及以民间借贷为业的非法人组织或者自然人从事的民间借贷行为，应当依法认定无效。同一出借人在一定期间内多次反复从事有偿民间借贷行为的，一般可以认定为是职业放贷人”。2020年8月20日起施行的《最高人民法院关于审理民间借贷案件适用法律若干问题的规定》明确：“未依法取得放贷资格的出借人，以盈利为目的向社会不特定对象提供借款的，人民法院应当认定民间借贷合同无效。”也就是说，在法律层面，对于“职业放贷人”是采否定态度的，相关的借贷合同无效。

新的法律规制的出现，会对“公共政策”的判断产生影响。一方面，在该“职业放贷人”概念明确提出之后签订的民间借贷合同发生争议，仲裁庭如果没有按照合同无效的基础判断当事人的权利义务关系，在裁决中仍然按照合同约定确定本金和利息的数额，是否可以认定为“违反社会公共利益”？另一方面，在该“职业放贷人”概念明确提出之前签订的民间借贷合同发生争议，仲裁裁决在该概念提出之后作出，裁决中仍然按照合同约定确定本金和利息的数额，是否可以认定为“违反社会公共利益”？如果从职业放贷人违法大量出借资金，并以服务费等名义突破法定利息红线赚取高额利息，扰乱目前金融秩序和社会秩序中重点规制方面的角度考察，在该“职业放贷人”

概念明确提出之后签订的民间借贷合同，如果仲裁请求完全获得仲裁庭的支持，对这样的裁决适用“公共政策”，并不仅仅因为职业放贷人向“不特定对象”提供借款的事实，而是基于裁决的结论是对此类合同无效原则的无视并由此导致的仲裁与诉讼在相同事实判断标准的冲突，这种情形会提供给当事人规避的可能并最终导致法律规制努力的落空。也就是说，判断的着眼点不在于职业放贷人的行为特征，不在于其行为是否涉及“不特定多数人”或者出借的资金是否“大量”“多次”等，我们需要重点考察的，仍然是裁决执行（不撤销）的结果，是否与当下我们重点规制的目标存在不可调和和无法容忍的冲突。

再如，关于网络贷款以及由此产生的仲裁庭互联网在线开庭并作出的裁决应如何认定的问题。网络在线贷款以及由此产生的争议，成为移动网络、手机 APP 迅速普及之后出现的个人信贷领域的新事物。吉林省白山市中级人民法院处理的系列案件中，个人与南京银行之间通过“快易花”APP 在线签订《个人消费性借款合同》，约定合同争议提请衢州仲裁委员会进行网络仲裁，并适用其网络仲裁规则进行互联网在线开庭，合同中确认了仲裁庭可以短信或者电子邮件方式送达并确定了接受送达的电话号码。争议发生后，衢州仲裁委员会作出仲裁裁决。实践中，对于上述裁决应当怎样认识，存在不同观点。有的观点认为，案件系通过网络贷款发生的借贷合同纠纷，仲裁过程违背仲裁程序，损害的可能不仅仅是某一个案件具体当事人自愿仲裁的合法权益，此仲裁案件更是损害了仲裁法律制度的严肃性，执行此裁决属于违背社会公共利益。在本案中，通过手机 APP 在线签订《个人消费性借款合同》就是新型的法律关系表现形式，各地仲裁委员会针对此类纠纷近年来推出的“网络仲裁规则”“互联网金融仲裁规则”等都是国内仲裁领域新近出现的事物。“公共政策”的适用，既要遵循长期以来确定的原则与规则，又要避免坐井观天、故步自封，必须敏锐地对现实生活的变化作出回应和调整。

（三）国内仲裁司法审查中涉及“违反法律规定”情形的认识与判断对“公共政策”适用的方法论提出了新的挑战

如果仲裁涉及的法律关系的某一个方面或者仲裁请求违反法律规定（本节讨论的“法律”，是指与“公共政策”的构成密切相关的，包括法律、行政法规、行政规章等在内的，所有可能体现社会根本利益、原则的规范的总体），在司法审查阶段，“公共政策”的判断和适用将会是一个挑战性的难题。这个问题的困难之处在于，在法律关系或者仲裁请求的某一个方面违反法律规定时，仲裁裁决有时会作出不同的判断和处理。仲裁庭的判断包括对行为或者法律事实定性方面的肯定、否定、回避等情形；仲裁庭的处理既可能完全体现当事人的意志追求也可能按照仲裁庭对违法性的理解作出调整。这样，司法审查过程中的“公共政策”实际上必须对法律关系、仲裁请求的正当性和仲裁裁决的正当性两个方面进行审查。如果仅凭法律关系中的违法事实对“公共政策”的适用作出判断，则难免会产生扩大“公共政策”适用的结果。如果不对法律关系中的违法事实进行判断，仅考察仲裁裁决的处理结果，则可能减损“公共政策”的实际效用。

仲裁实践涉及法律关系的构成要素或者仲裁请求违反法律规定的情形除上述虚拟货币、职业放贷情形外，还出现在其他方面。

1. 关于非法吸收公众存款并转贷

近年来涉互联网平台借贷的国内仲裁裁决，出现了较多以违反社会公共利益为由被撤销或者不予执行的情况。比如，云南省曲靖市中级人民法院在一件案件[①]中，援引“公共政策”不予执行厦门仲裁委员会厦仲裁字20190674号仲裁裁决。该案中，出借人（仲裁申请人）高某与借款人（仲裁被申请人）肖某通过宁夏某金融信息服务公司管理的网络贷款平台“秒钱”签订电子借款合同，高某将自有的在贷款平台上的资金交由平台在资金“募集满标”后以“P2P融资扣款”方式，提供给“秒钱”客户肖某借款119000元，争议发生后，仲裁庭裁决肖某偿还借款本金119000元及按照年利率11%计算的利息。法院的观点是，贷款平台未取得金融监管部门批准，通过资金托管银行设立资金存管账户，利用互联网搭建融资业务平台，擅自从事金融借款和资金融通业务牟利，涉嫌借“P2P网贷”之名行“非吸转贷”之实，违反《中华人民共和国银行业监督管理法》《网络借贷信息中介机构业务活动管理暂行办法》。仲裁庭仅从借款合同形式进行审查，忽略了宁夏公司向社会不特定对象募集、吸收存款取得资金控制权并向社会不特定对象转贷牟利的事实。裁决执行必将扰乱金融秩序、违背社会公共利益。

---

① 曲靖市中级人民法院（2021）云03执236号。

2. 以融资租赁的名义进行借贷

申请执行人某公司与被执行人傅某某融资租赁合同纠纷一案，衡水仲裁委员会作出仲裁裁决，认定被申请人傅某某向申请人某公司支付租金及逾期违约金。法院认为，根据有关融资租赁的法律及司法解释的规定，融资租赁交易具有“融资”和“融物”的双重属性，如无实际租赁物或租赁物所有权未从出卖人转移至出租人，应认定该融资租赁合同无融物属性，当事人之间仅有资金的融通，系名为融资租赁实为借贷。本案涉及的融资租赁合同明显不具有融物属性，名为融资租赁实为借贷。某公司以融资租赁形式变相经营借贷业务，属于以合法形式掩盖非法目的，破坏正常金融秩序，仲裁裁决违背社会公共利益，应当不予执行。[①]

3. 关于非法进行期货交易

A公司为B大宗商品交易所的会员，自然人C与A签订《客户协议》，C通过A公司投资B交易所的贵金属现货电子交易。交易标的物为B交易所交易平台上的所有交易。A公司根据B交易所人民币中间指导价连续报出某贵金属现货的人民币买入价和卖出价，交易方式为保证金交易。发生争议后，C申请仲裁，认为A公司与B交易所均没有期货经营资质，其超越经营范围的行为违法，请求确认《客户协议》无效，A公司返还款项。仲裁庭认为，合同在B交易所的业务框架下，案件涉及的贵金属现货电子交易是否属于非法期货交易应当由《期货交易管理规定》中规定的国务院期货监督管理机构作出。仲裁庭不应作出评判。即使属于期货交易，该等交易也不是被法律所当然禁止。C自愿参与交易，其履行并没有因交易的法律属性而受到影响，C的损失和交易的定性之间没有法律上的因果关系，裁决驳回C的仲裁请求。有的观点认为，本案交易实质上是期货交易，交易所未经批准上线交易品种，A公司吸引不特定社会公众参与交易，脱离国家监管，存在几大投资风险。《客户协议》违反法律法规的强制性规定，应当认定无效。裁决应当以违背社会公共利益为由不予执行。

4. 涉及赌博债务的仲裁裁决

我国法律规定，以营利为目的，为赌博提供条件或者参与赌博赌资较大的，构成违反《治安管理处罚法》的行为。同时，《刑法》将“开设赌场”与

---

① 重庆市第二中级人民法院（2021）渝02执711号。

“聚众赌博或以赌博为业”规定为涉及赌博的犯罪。在相关司法解释[①]中，将赌博犯罪中用做赌注的款物、换取筹码的款物均界定为赌资，并规定对赌资依法追缴。也就是说，在社会管理层面，我国对赌博的否定判断是确定的。在一件申请撤销无锡仲裁委员会仲裁裁决[②]的案件中，自然人A仲裁请求自然人B依照还款协议的约定归还借款380万元及利息，但双方均认可其中170万元部分为双方在澳门赌博时的筹码交易款项。仲裁裁决支持了A的全部主张。B申请撤销仲裁裁决，法院认为，仲裁裁决认定的借款金额中包含有在澳门赌场的筹码交易款项，双方因筹码交易产生的往来款项不受司法保护。仲裁裁决支持了A归还款项的请求，违背社会公共利益。

上述案件，较为直观地展现了在“公共政策”的适用遭遇基础法律关系可能存在违法情形时的现实困境。曲靖的案件，“公共政策”适用的考察重点，在于网络平台擅自从事金融借款和资金融通业务行为的违法性本身，仲裁裁决对上述法律关系和行为如何认定和评价并未纳入考察的范围。另外，曲靖案件也没有考察仲裁裁决判令肖某偿还借款本金119000元及按照年利率11%计算的利息处理结果的正当性。实际上，即使认定合同无效，除法定应当没收或追缴等情形外，出借人的本金和相应利息也是应当支持的。名为融资租赁实为借贷案件，根据相关法律和司法解释规定，应当按照实际构成的法律关系处理。仲裁庭按照融资租赁合同法律关系处理并根据合同履行情况作出裁决，虽然未能注意到名为融资租赁实为借贷的法律关系事实，并导致在实体认定和处理方面存在瑕疵，但是否达到了违反公共利益的程度并以此为由不予执行，值得商榷。期货交易案件中，交易所是否未经批准上线交易品种，可以由相关部门判断并进行行政处罚。交易是否存在违法情形与仲裁裁决是否肯定交易的合法性是两个不同的问题。从裁决结果来看，裁决没有支持C的请求并不是建立在认定协议有效以及交易性质合法的基础之上。在仲裁裁决并未对交易进行定性并违背法律规定的情况下，难以认定执行裁决违背社会公共利益。赌博债务案件，赌博债务不受法律保护，仲裁事项以及仲裁请求的违法性是确定无疑的，当仲裁庭办理涉及赌博产生的债权债务纠纷时，

---

① 《最高人民法院、最高人民检察院关于办理赌博刑事案件具体应用法律若干问题的解释》（法释〔2005〕3号）。

② 无锡仲裁委员会（2019）锡仲裁字第312号。

应当关注裁决结果与“社会公共利益”之间可能产生的关联关系。仲裁裁决虽然没有对法律关系的性质做出肯定表态，但裁决的处理方式实质上实现了违法关系和请求希望达致的结果。

在基础法律关系或仲裁请求可能存在违法情形时，如何在裁决的司法审查过程中准确适用“公共政策”，需要引入公共政策适用中的“递进识别”[①]概念。即在肯定裁决处理事项或仲裁请求的违法性与裁决的认定及处理方式应当有所区别的基础上，首先，考察法律关系或仲裁请求违反的规则、原则或者所侵犯的法益是否达到“公共政策”的程度，即对法律关系或行为性质进行“一级识别”。其次，重点考察仲裁裁决的判断是否直接或者间接确定了法律关系的违法性或者处理结果直接或间接产生法律规制内容落空的结果，即对仲裁裁决的内容进行“二级识别”。

“递进识别”的实践基础在于，在国内仲裁司法审查中，“公共政策”考察的出发点，不应当仅仅是仲裁庭所处理的法律关系中，主体、客体、内容以及仲裁请求是否违反法律规定。因为，假如没有发生争议并进入仲裁程序，这样的法律关系实际上无法纳入司法审查评判的视野。也就是说，如果把“公共政策”作为一种法律评价体系的话，评价的客体首先应当进入这样一个体系。类似于上例中的非法期货交易行为，即使应当受到法律层面的负面评价，也应当首先进入一个评判的体系。仲裁，就是这样的一个评判体系。司法审查，是对仲裁程序及其结果的另外一个评判体系，是对“评判”的“评判”。司法审查的评判体系，虽然无法脱离主体、客体以及法律关系的内容是否违反法律规定的特定方面，但其关注的重点，应当是经由仲裁程序而给予特定争议（包括法律关系的主体、客体、内容和法律行为）的评判是否符合社会最根本的经济、道德、法律方面的利益。换句话说，司法审查的评判体系，虽然建立在对法律关系特定方面是否违反“公共政策”的评价基础之上，但并非止步于这一基础，而是要在这一基础之上对仲裁裁决进行评价。止步于法律关系层面，“公共政策”的适用就成为行为导向而非结果导向。因为仲裁庭评判的存在，使得原本潜行于法律秩序深层的状况得以显露，没有仲裁，即使行

① 这里引用国际私法中的“识别”提法，但并不是使用国际私法中的“识别”概念。这里的“识别”，指的是一种对有关事实进行考察和判断并定性的过程。对仲裁司法审查而言，指的就是法律关系中的违法事实是否构成以及违反法律规范或原则的情形以及仲裁裁决的判断和结论是否违反“公共政策”。

为或者法律关系因违法而具有“社会危害性”，也不能成为仲裁司法审查的标的。仲裁庭的评判，会影响类似的行为主体对行为后果的预判。仲裁之司法审查，关注的就是仲裁庭评判对类似行为的引导作用。也就是说，仲裁庭的裁判实际上产生的效果才是“公共政策”所应当关注的。本文后文所论及的涉及返还与虚拟货币等值实体货币的仲裁裁决，司法审查对仲裁裁决予以否定的主要原因就是仲裁庭的裁决实际上肯定了虚拟货币与实体货币之间的可兑换、可融通性。因此，从仲裁庭风险防范的角度，当仲裁庭面临一个涉及返还虚拟货币的仲裁请求时，仲裁庭必须高度警惕，裁决支持返还虚拟货币与裁决支持按照一定的兑换标准返还相应的现实货币，其结果与影响是完全不同的。

“一级识别”的对象是法律关系、仲裁请求本身，内容是法律关系、仲裁请求是否违反相关法律规范。很多时候，“一级识别”中不可避免地包含了对相关法律规范所体现的原则、价值和保护的法益是否应当构成“公共政策”的潜在考察，但应当克服在“一级识别”阶段即对“公共政策”适用与否得出确定结论的心理倾向。“一级识别”的目的是给“二级识别”构建参考背景。“二级识别”以“一级识别”为基础，是在已知法律关系要素或仲裁请求违反法律规范的情况下，考察仲裁作为一种价值判断体系对上述违反情况的态度和处理方案。“一级识别”不直接导致“公共政策”的适用，只有进行“二级识别”且满足一定条件才可产生“公共政策”的适用问题。

以中国黄金集团有限公司（以下简称黄金公司）等申请撤销中国国际经济贸易仲裁委员会中国贸仲京裁字第1406号裁决一案[①]为例，李某等人为向黄金公司转让目标公司股权，采取贿赂勘查人员、黄金公司经办人员等手段，取得虚假的地质勘查报告，虚构夸大黄金储量。合同签订后，黄金公司发现金矿不具有开采价值。2017年，生效刑事判决认定李某等人相关贿赂行为犯单位行贿罪并进行了刑事处罚。2018年，黄金公司发函解除合同，后提起仲裁，要求确认合同解除并返还价款、赔偿损失。仲裁裁决认为，《股权转让合同》系当事人真实意思表示，不违反法律、行政法规的强制性规定，依法成立并生效。与交易有关的犯罪行为并不当然意味着民事法律行为无效。造假行为并未转化成合同的约束性条款，股权收购已经完成合同目的已经实现，驳回

① 北京市第四中级人民法院（2021）京04民特383号。

了黄金公司的仲裁请求。法院经审查以“违反社会公共利益”撤销裁决。本案的思维和推理步骤可以较为清晰地体现“递进识别”的判断过程。本案“一级识别”包含的内容是：首先，生效刑事判决认定李某与黄金公司工作人员恶意串通的情形。其次，根据签约当时的法律规定，恶意串通，损害国家、集体或者第三人利益的民事法律行为无效。最后，法律关于恶意串通行为无效的规定构成效力性强制性规定。“一级识别”主要考察法律关系、仲裁请求是否违反相关法律规范。本案“二级识别”包含的内容是：首先，裁决内容无视效力性强制性规定的要求，认定合同有效。其次，尽管仲裁庭有权独立判断合同效力，但在生效刑事判决已经认定合同存在以行贿行为表现的恶意串通情形并实际损害国家利益的情况下，仍然认定“合同不违反法律、行政法规的强制性规定”“合法有效”。最后，裁决结果不仅作出了与生效判决相悖的判断，而且使法律强制性规定对于“恶意串通”的评价和规制目的落空。也就是说，裁决显然漠视生效裁判对行为性质的判断，其无视效力性强制性规定的裁决结果违反了法律的基本原则。

从程序方面说，仲裁司法审查中的“公共政策”是在审查程序中产生的，审查的对象主要是仲裁裁决而非仅仅是裁决处理的法律关系。因此，虽然“公共政策”的适用最终会归结到法律关系层面，但这只是对仲裁进行审查的必然结果而已。仲裁司法审查过程中考量“公共政策”适用的出发点是仲裁裁决对某种法律关系的评判，但落脚点却是对具体法律关系的规范，而这一点，正是对法律关系的某一方面涉及“违反法律规定”的仲裁裁决进行“公共政策”审查的核心要义。

（四）“公共政策”的“递进识别”的实践与仲裁庭风险防范

仲裁司法审查实践中的“公共政策”适用过程，可能会存在这样的情况：针对具体的案件构成，看上去十分相似的案件往往会形成不同的最终判断。这是“公共政策”具体适用中的“细节性”特点所决定的。国内仲裁裁决的司法审查环节，“细节考量”不仅要求法院全面深刻地掌握法律、行政法规对某一法律关系进行规制的出发点、基本原则、目的；更要求法院深入分析仲裁裁决的内容特别是裁项与法律规定的相互关系，仲裁庭也可以在一些涉及法律强制性规定的案件中，精准掌控边界，在解决纠纷的同时规避可能产生的撤裁风险。

高某宇与深圳市云丝路创新发展基金企业（有限合伙）（以下简称云丝路

企业)、李某因股权转让协议纠纷，在获得深圳仲裁委员会仲裁裁决后，高某宇以“违背社会公共利益”为由申请撤销上述裁决。经层报最高人民法院批复同意，深圳市中级人民法院最终撤销案涉仲裁裁决。[①]

此案中，基本法律关系实际上涉及李某委托高某宇进行个人数字货币资产的理财，李某将数字货币资产（20.13 个比特币，50 个比特币现金，12.66 个比特币钻石）交付高某宇，另外，当事人之间约定了云丝路企业股权转让给高某宇的事宜。高某宇未履行合同义务。云丝路企业及李某提请仲裁的请求是：变更云丝路企业持有的某公司 5% 股份到高某宇名下，高某宇向云丝路企业支付股权款 25 万元；高某宇向李某归还数字货币资产 20.13 个比特币，50 个比特币现金，12.66 个比特币钻石资产相等价值的 493158.40 美元及利息，高某宇支付李某违约金人民币 10 万元。仲裁裁决认为，高某宇未交付比特币等构成违约，并参考李某提供的 okcoin.com 网站公布的合同约定的履行时点有关 BTC（比特币）、BCH（比特币现金）收盘价的公开信息，估算应赔偿的财产损失为 401780 美元。最终裁决变更云丝路企业持有的某公司 5% 股份到高某宇名下，高某宇向云丝路企业支付股权款 25 万元。高某宇向李某支付 401780 美元，高某宇支付李某违约金人民币 10 万元。

法院的观点是，中国人民银行等部委《关于防范比特币风险的通知》明确规定，比特币不具有与货币等同的法律地位，不能且不应作为货币在市场上流通使用。2017 年中国人民银行等七部委联合发布《关于防范代币发行融资风险的公告》，重申了上述规定。同时，从防范金融风险的角度，进一步提出任何所谓的代币融资交易平台不得从事法定货币与代币、“虚拟货币”相互之间的兑换业务，不得买卖或作为中央对手方买卖代币、“虚拟货币”，不得为代币、“虚拟货币”提供定价、信息中介等服务。上述文件实质上禁止了比特币的兑付、交易及流通，炒作比特币等行为涉嫌从事非法金融活动，扰乱金融秩序，影响金融稳定。因此，将比特币折算成人民币认定损失赔偿的仲裁裁决，与上述文件精神不符，违反了社会公共利益。

上述观点的逻辑内核是：

大前提：现行规章禁止比特币的兑付、交易及流通，且上述规定应当构成金融秩序和金融稳定方面的“公共政策”，仲裁请求存在与“公共政策”的抵

① 深圳市中级人民法院（2018）粤 03 民特 719 号。

触之处（一级识别）。

小前提：仲裁裁决虽然没有明确认定比特币可以兑付、交易及流通，但支持了仲裁请求，并将比特币折算成美元认定损失赔偿，实际上导致规章规制内容落空（二级识别）。

结论：仲裁裁决违反社会公共利益。

本案最重要的细节包括两个方面，首先，仲裁请求方面。云丝路企业及李某提请仲裁的请求包含高某宇向李某归还数字货币资产20.13个比特币，50个比特币现金，12.66个比特币钻石资产相等价值的493158.40美元及利息。其次，裁决裁项方面。第一，仲裁裁决参考okcoin.com网站公布的合同约定的履行时点有关BTC（比特币）、BCH（比特币现金）收盘价的公开信息，估算应赔偿的财产损失为401780美元。第二，裁项包含高某宇向李某支付401780美元内容。

我们先讨论裁决裁项方面的细节，这部分内容突出地反映了"公共政策"适用中的"细节考量"特点，也是"二级识别"的关键。裁项方面的细节主要表现为仲裁庭对兑换标准的选择以及通过裁决实际上完成了法定货币与代币、"虚拟货币"的兑换过程，这也是裁决被认定"违反社会公共利益"的主要考量因素。从现行法律规定的内容来看，目前我们虽然得不出法律否定代币、"虚拟货币"存在及持有合法性的结论，但切断其与法定货币的联系的政策表达是清晰明确的。这样的裁决，一方面，为代币、"虚拟货币"进行了定价；另一方面，裁决如获执行，执行过程实际上又为代币、"虚拟货币"提供了兑换及流通途径。从"公共政策"适用的结果考察，执行裁决等于承认了代币、"虚拟货币"的可定价、可兑换、可交易、可流通。无论是以本案涉及的股权转让方式还是其他方式，如果承认代币、"虚拟货币"可以以裁决认定的方式与法定货币挂钩，实际效果就是有关代币、"虚拟货币"之政策与法律管制的落空。

那么，有没有可能不触发"公共政策"的适用？如果当下"公共政策"的内容并非针对代币、"虚拟货币"的持有，那么，作为一种单纯的"物"，仲裁裁决返还原"物"应当是没有什么法律障碍的。回到仲裁请求方面进行考察，云丝路企业及李某提请仲裁的请求包含高某宇向李某归还数字货币资产20.13个比特币，50个比特币现金，12.66个比特币钻石资产相等价值的493158.40美元及利息。这一请求内容是值得仲裁庭警惕的，无论当事人出于怎样的动机，仲裁庭都应当要求当事人改变仲裁请求的内容，裁决也应当严格限定在返还原“物”的层面。这是“公共政策”的“递进识别”理念和“细节考量”要素给仲裁庭规避风险的最好提示。

在一件涉及集体经济组织土地上方建筑物使用权争议的仲裁案件中，甲乙双方约定乙方归还甲方借款300万元，如果不能归还，则乙方所有的房屋使用权归甲方享有。仲裁委员会仲裁[①]确定房屋使用权归甲方。乙方申请撤销裁决的主要理由是，裁决结果导致案涉房屋宅基地即集体所有权土地向非集体经济组织成员进行流转违反社会公共利益。有的观点认为，裁决仅涉及房屋使用权问题，并未涉及农村宅基地所有权和房屋所有权，不能认定构成违反社会公共利益。本案中，仲裁请求及裁项如果涉及“房屋所有权”，判断结果可能就大相径庭了。

大连市中级人民法院对于申请承认及执行新加坡国际仲裁中心（2016）裁字第002号一案[②]的分析，可以从另一个角度给仲裁庭的风险防范提供借鉴。本案中，大连新和公司、新加坡新和海事公司于2001年签订协议，后者许可前者使用“SINWA及图”商标，后大连新和公司向国家工商行政管理总局商标局申请注册“SINWA及图”商标并获核准。2014年，新和海事公司认为大连新和公司抢注商标，向商标评审委员会请求宣告案涉商标无效，2015年，商标评审委员会作出（2015）第80263号裁定书，对争议商标注册予以维持。新和海事公司未向人民法院提起诉讼，该裁定已经生效。同年，新和海事公司申请仲裁。新加坡国际仲裁中心仲裁裁项为：1. 大连新和公司应采取必要行动，在中国注销案涉商标，或者采取必要行动将案涉商标过户给新和海事公司；2. 大连新和公司停止使用案涉名称；3. 大连新和公司向新和海事公司支付费用等。就“公共政策”的判断问题，法院认为，新和海事公司向商标局提起申请与其向仲裁庭申请仲裁并不冲突。新和海事公司申请宣告商标无效，行政裁决以商标不属于驰名商标，新和海事公司的申请已经超过5年的法定期限且案涉商标的注册不会有悖于社会公共利益驳回其申请。新和海事公司的仲裁请求包括注销案涉商标或者将商标过户，停止使用该名称等，但上述请求均不属于行政裁决的范围。仲裁庭的裁决结果是基于大连新和公司违约

① 泉州仲裁委员会（2019）泉仲字552号。

② 大连市中级人民法院（2016）辽02协外认2号。

责任作出的判断，裁决的对象限于合同主体之间。仲裁裁决没有裁定我国商标行政管理机关必须做一定行为或不做一定行为，没有就大连新和公司在我国注册商标的合法性、有效性作出裁判。承认及执行该裁决，不会与《商标法》相冲突，也不会与已经生效的行政裁决相悖，并最终拒绝适用“公共政策”。在本案中，虽然基础法律关系不存在违法情形，但仲裁请求如何提出涉及已经生效的行政裁决，很容易产生实际上推翻或否定生效行政裁决并触发“公共政策”的后果。仲裁庭十分小心地回避了所有可能与行政机关生效裁决发生冲突的事实认定，裁项也是建立在承认行政裁决判断的基础之上，同时，对双方的权利义务又作出了审慎分配。法院则对仲裁裁决涉及的行政裁决的内容进行了精细考察，并着重从仲裁裁项的内容判断裁项与行政裁决的关系，完美地表现了仲裁司法审查过程中对于“公共政策”的细节考量。

四、结语

“公共政策”概括、灵活和开放的规范内涵，是顺应不同社会背景、不同案件和不同价值取向下个案权衡的需求。“公共政策”的特点决定了法律适用者必须在个案中完成各不相同的判断。在坚持“公共政策”适用之谨慎、严格、谦抑理念的同时，应当在司法实践领域不断探求上述理念的实现路径。在仲裁司法审查领域，在结合“公共政策”的特征对“公共政策”的内涵不断进行具体化界定的同时，不断探索“公共政策”科学适用的普遍规则，只有这样，才能促进“公共政策”适用理论的发展演进和实践理念从模糊笼统到具体可行的转化。

融资租赁之“双租赁”业务模式的合法合规性研析

关　丽 [*]　焦清扬 [**]

● **摘　要**

“双租赁”是融资租赁行业中新近出现的一种创设性的交易模式，其在实务中一直存在争议。“双租赁”是两个租赁交易的嵌套，在结构上与“转租赁”有着本质区别，其中法律关系的瑕疵在于其中一层融资租赁合同缺乏融物性。据此，从合法性层面“双租赁”业务模式项下的合同并不是违法的合同，应当在性质上认定为借贷合同而非融资租赁合同；从合规性层面“双租赁”业务模式易构成“拆借或变相拆借”从而导致合规风险，所以融资租赁业务模式设计应回归真实交易与业务本质，在此基础上进行产品创新，防范金融风险。

● **关键词**

双租赁　转租赁　融资租赁法律关系　借贷法律关系　合规性

Abstract: “Nested after-sales leaseback ” is a newly emerged transaction model in the financial leasing industry, which has been controversial in practice. “Nested after-sales leaseback” is the nesting of two leasing contracts, which is essentially different from “sub-lease” in structure. The flaw of the legal relationship is that one layer of financial leasing contract

---

* 关丽，国新证券股份有限公司监事会主席，法学博士。

** 焦清扬，国新证券股份有限公司监事会办公室经理，法学博士。

lacks financial property. Accordingly, the contract under the "Nested after-sales leaseback" business model is not illegal from the perspective of legitimacy, and should be identified as a loan contract rather than a financial leasing contract in nature; from the compliance level, the "Nested after-sales leaseback" business model is easy to constitute "borrowing or disguised borrowing", which leads to compliance risks. Therefore, the design of financial leasing business model should return to the real transaction and business essence, and on this basis, product innovation should be carried out to prevent financial risks.

Key Words: Nested after-sales leaseback, sub-lease, legal relationship of finance lease, legal relationship of loan, legal compliance

融资租赁自产生伊始，就因其所具有的融资和融物双重属性而与买卖、租赁、借贷、担保等传统民法制度相交错，诚如学者所言，"融资性租赁契约非纯粹租赁契约，乃以租赁契约的法律形式意图实现融资的经济本质，法律性质上应解为并有租赁和融资双重性质之新契约类型"。[①]我国融资租赁业的发展起步较晚，直至原《合同法》规定了融资租赁合同，融资租赁交易的法律表现形式方得以形成。[②]囿于法律法规和监管政策的天然滞后性，特别是融资租赁行业在发展初期所面临的监管真空、监管冲突等情形，实务界在推陈出新时只能逐步摸索，结合司法类案、监管态势进行合法合规性甄别。

"双租赁"[③]是融资租赁行业中新近出现的一种创设性的交易模式，其在实务中一直存在争议，也尚未获得法律法规以及监管规定的充分认可。本文拟结合司法裁判中截然不同的合同定性方案，特别是上海金融法院和北京高院近期所做出的两则裁判案例对"双租赁"业务模式进行辨析，从民法理论的层面审视该交易模式的合法合规性，为实践中能否开展该种交易提供论证参

---

① 梁慧星：《融资性租赁若干法律问题》，载《法学研究》1993年第2期。

② 参见杨立新：《债与合同法》，法律出版社2012年版，第566页。

③ 本文所指称的"双租赁"交易模式是两个或以上出租人之间开展的就同一租赁物进行多次所有权转移并同时开展售后回租的业务形态，在实务中从业者多直接称之为"转租赁""反向转租赁""双租赁"等，详见后文分析。为便于表述并防止歧义，本文将此种交易模式简称为"双租赁"。

考，为该种交易主体所面临的风险作出提示。

一、“双租赁”交易模式的裁判路径

（一）路径之一：售后回租

【案例一】[①] 被告B公司就案涉租赁物与三位承租人分别开展了售后回租交易。其后，原告A公司与B公司签订《回租租赁合同》《回租买卖合同》，约定B公司以租回使用为目的向A公司出售B公司上述租赁物，租赁物的所有权于合同生效之日起正式转归A公司所有，B公司对租赁物只有占有、使用权，没有所有权及处分权。在协议签订时，A公司对前述B公司与其他三位最终承租人的交易知悉并未予反对。在合同履行过程中，由于B公司未按期支付租金，已连续逾期两期以上，故A公司提请诉讼。

新疆高院认为，案涉原、被告对双方签订的《回租租赁合同》《回租买卖合同》效力均无异议。依据上述协议，B公司已与三位最终承租人分别开展了第一笔融资租赁交易，其后A公司与B公司之间又进行了融资租赁业务中的售后回租业务，即将其拥有所有权的租赁物转让给A公司开展第二笔融资租赁交易，同时B公司将第一笔融资租赁交易项下的应收租赁款质押给A公司，作为第二笔融资租赁项下履行租金支付义务的担保。在本案中，新疆高院肯定了当事人之间签订的融资租赁合同效力，确认双方存在融资租赁法律关系，主要理由是案涉合同系双方当事人的真实意思表示，内容不违反法律、行政法规的强制性规定，未损害国家、集体、第三人利益和社会公共利益，应当认定为合法有效，双方均应按合同约定履行合同义务。

（二）路径之二：借贷关系

【案例二】[②] 2016年4月，被告C公司作为出租人与案外人D公司（承租人）签订001号《租赁合同》，约定C公司同意受让D公司所拥有的上游码头泊位及内港池码头泊位共2个，再将上述租赁设备以融资租赁的方式出租给承租人

---

① A公司与B公司融资租赁合同纠纷案，审理法院：新疆维吾尔自治区高级人民法院，案号（2017）新民初68号案。司法裁判中类似案例还有：新疆维吾尔自治区乌鲁木齐市中级人民法院（2019）新01民初581号案、上海市浦东新区人民法院（2019）沪0115民初90832号案、北京市东城区人民法院（2019）京0101民初2112号案等。

② E公司与C公司等借款合同纠纷案，审理法院：上海金融法院，案号：（2021）沪74民终323号。

D公司使用。2018年5月，D公司向原告E公司出具《融资租赁合同相关事项确认函》，确认：第一，D公司与C公司已完成了租赁物所有权的转移，租赁物完整且无瑕疵的所有权已转至C公司，C公司成为租赁物的唯一合法所有权人；第二，D公司将按约履行原融资租赁合同相关权利义务，并按约定支付租金，直至双方融资租赁债权债务关系结束；第三，在不影响D公司合理占有和使用的前提下，其同意C公司以原租赁合同中的租赁物资产与E公司开展融资租赁业务，业务期限不长于原融资租赁合同期限。同年6月，原告E公司与第三人作为联合出租人，与作为承租人的被告C公司签订004号《租赁合同》，约定承租人C公司以筹措资金、回租使用为目的，以售后回租方式出售租赁物，出租人从承租人处购买租赁物并出租给承租人使用。现因C公司在004号《租赁合同》项下发生租金逾期支付情形，E公司诉请C公司支付欠付租金等款项。

2021年8月上海金融法院作出终审判决，认为：本案的租赁物码头虽真实存在，但并非售后回租业务的适格租赁物，无法发挥融资租赁合同项下租赁物的担保功能，被告C公司回租码头的目的亦不在于继续占有使用，无法体现融物属性。故本案所涉004号《租赁合同》约定的权利义务模式并不符合监管意义上转租赁的定义，而是两层独立的售后回租业务的嵌套，原告与被告签订上述合同，意在以售后回租为名行资金融通，依法不构成融资租赁法律关系，而应当认定为借款关系。

【案例三】[①]2016年9月，G公司（甲方）与H公司、I公司（合为乙方）签订《售后回租合同》，载明I公司和H公司已与G公司签订《合作协议》与《租赁物买卖合同》，约定乙方在协议合作期内将其通过融资租赁购买并有权处分的资产出售给甲方，再将该资产从甲方租回使用；甲方同意购买并同时将上述资产回租给乙方，分期向乙方收取租金。2019年1月，G公司（转让方）与第三人J公司（受让方）签订《转让合同一》，约定转让方将其对承租人享有的租赁债权、对租赁物件享有的所有权、对担保人享有的担保权利及其他相关权益转让给受让方。2019年4月，J公司（转让方）与K公司签订《转让合同二》，约定：J公司将其承继的上述权益转让给K公司。现由于H公司、I

① 上诉人I公司、上诉人H公司与被上诉人K公司，原审第三人J公司、原审第三人G公司民间借贷纠纷案，审理法院：一审法院为北京市第一中级人民法院，案号：（2019）京01民初241号；二审法院为北京市高级人民法院，案号：（2021）京民终804号。

公司在《合作协议》项下发生租金逾期支付情形，K公司基于《转让合同》受让了《合作协议》项下的全部债权、物权，对H公司、I公司提起诉讼。

2022年3月北京市高级人民法院作出终审判决，认为：虽然G公司与I公司、H公司签订了融资租赁合同，但合同中关于租赁物的相关约定并非签约各方的真实意思表示，各方当事人的真实意思是通过签订租赁合同达到G公司提供资金的融资目的，偏离了融资租赁的本质，故案涉合同虽名为租赁合同，但其实质应为民间借贷。案涉交易模式，系目前实务中有些融资租赁公司“创新”出的，是出租人以直租或售后回租的方式将租赁物租给底层实际承租人，之后出租人再用该租赁物以售后回租的方式出售给最终出租人并租回。简言之，该种交易模式的实质是两层独立的售后回租业务的嵌套，特别是第二层售后回租交易（后一个交易模式）与真实售后回租的制度基础根本不符，缺乏融物属性，最终出租人与第一次出租人（转租人）之间回租租赁物的目的已不在于继续使用租赁物，而只是在于借助租赁物这一在形式上真实存在的物，以售后回租为名，行借款之实。因此，后一个交易模式的性质依法应认定为民间借贷关系。

二、“双租赁”交易模式的解构分析

上述两种定性路径中，路径一所代表的裁判逻辑并未将裁判重点置于研判“双租赁”的法律属性上，而是极大地尊重了意思自治、鼓励交易的合同原则，秉承“法不禁止即可为”的观点，使得“双租赁”的交易模式之合法合规性问题未得到充分阐释；然而，路径二中上海金融法院和北京高院的审判思路均将“双租赁”本身的法律属性作为争议焦点和分析起点，严格遵循了三段论式的演绎逻辑，即寻找法律规范、查明案件事实直至得出审判结果，最终对其融资租赁属性赋以否定性评价而定性为借贷法律关系。由于上海金融法院和北京高院的裁判均在《民法典》颁行以及《融资租赁公司监督管理暂行办法》（银保监发〔2020〕22号）后，在时效性上更能彰显司法裁判的倾向性，所以近乎对立的裁判观点立即触发了融资租赁实务界针对“双租赁”业务模式合法合规性的再讨论，业内对于“双租赁”业务模式的风向标也随之转动。

为了更为清晰地分析“双租赁”交易模式，笔者对上述案例中“双租赁”的交易结构解构如下：在案例一中，前一组交易为B公司作为出租人，与最终多个承租人签订融资租赁合同，后一组交易为B公司作为承租人，与作为出租人的A公司签订融资租赁合同；在案件二中，前一组交易为C公司作为出租人，与承租人D公司签订融资租赁合同，后一组交易为C公司作为承租人，与E公司等公司签订融资租赁合同；在案件三中，首先，H公司作为出租人，与若干承租人签订售后回租合同；其次，H公司、I租赁作为联合承租人，与作为出租人的G公司签订融资租赁合同；最后，G公司作为出租人，将上述资产先后转让给H公司、K公司。上述三个案件中的“双租赁”业务结构虽略有差异，但究其交易本质均包含两组或以上的交易关系，其核心交易结构如下图所示。

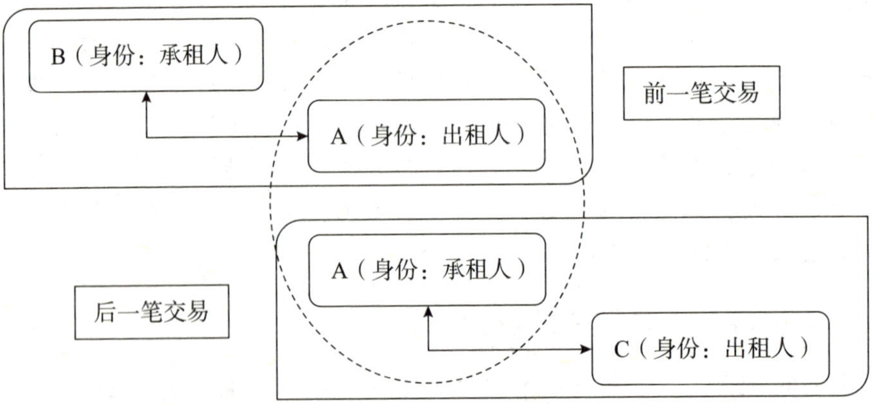

“双租赁”核心交易结构图

综上，“双租赁”的核心交易结构为：第一出租人A与承租人B签订售后回租合同，通过融资租赁的方式取得租赁物的所有权；其后，第一出租人A再以承租人的身份与第二出租人C签署售后回租合同，进行融资租赁交易，此时租赁物所有权变更登记至出租人C名下。此交易结构最为鲜明的特征是，交易中存在双层融资租赁合同关系，A在其中分别担任出租人和承租人，且第二笔交易并未影响承租人B对于租赁物的实际占有和使用。

三、“双租赁”交易模式的法理定性

合同定性旨在为“司法裁判寻找合适的法律规范依据”，[①] 但如前所述本文

① 于程远：《论法律行为定性中的“名”与“实”》，载《法学》2021年第7期。

所探讨的“双租赁”既非法言法语，也暂无相关监管文件的直接定义。为了更为精准地厘清“双租赁”的法律性质，笔者拟先对法律法规、监管文件中与“双租赁”关系最为密切、构造最为相近的“转租赁”[①] 进行梳理，并以此为参照基准找寻“双租赁”业务模式性质的民法坐标。

（一）澄清:“双租赁”与“转租赁”的区分

涉及“转租赁”的表述	法律法规、监管文件等	发布单位	效力
第 48 条 本办法中所称转租赁业务是指以同一物件为标的物的多次融资租赁业务。在转租赁业务中，上一租赁合同的承租人同时又是下一租赁合同的出租人，称为转租人。转租人从其他出租人处租入租赁物件再转租给第三人，转租人以收取租金差为目的的租赁形式。租赁物品的所有权归第一出租人。	2000 年 6 月 30 日发布《金融租赁公司管理办法》	中国人民银行	已废止（2014 年 3 月 13 日发布的《金融租赁公司管理办法》已删除了该条款）
第 8 条 融资租赁企业可以在符合有关法律、法规及规章规定的条件下采取直接租赁、转租赁、售后回租、杠杆租赁、委托租赁、联合租赁等形式开展融资租赁业务。 **第 16 条** 融资租赁企业对委托租赁、转租赁的资产应当分别管理、单独建账。	2013 年 9 月 18 日发布《融资租赁企业监督管理办法》	商务部	现行有效
第 21 条 融资租赁公司对转租赁等形式的融资租赁资产应当分别管理，单独建账。转租赁应当经出租人同意。	2020 年 5 月 26 日发布《融资租赁公司监督管理暂行办法》	银保监	现行有效
第 37 条 转租出租人应当基于原租赁产生的使用权资产，而不是原租赁的标的资产，对转租赁进行分类。	2018 年 12 月 7 日发布《企业会计准则第 21 号——租赁》	财政部	现行有效

① 实践中，有不少从业人员认为“双租赁”就是“转租赁”或者是“转租赁”的一种形式，并以此对“双租赁”的合法合规性给予肯定性评价。笔者认为，该类观点将两种交易结构中 A 为转租人的共同点放大，而忽略了两者的区别，“双租赁”与“转租赁”有着明显区别，详见下文分析。

续表

涉及“转租赁”的表述	法律法规、监管文件等	发布单位	效力
但是，原租赁为短期租赁，且转租出租人应用本准则第三十二条对原租赁进行简化处理的，转租出租人应当将该转租赁分类为经营租赁。			
第5条第3款 外商投资融资租赁公司可以采取直接租赁、转租赁、回租赁、杠杆租赁、委托租赁、联合租赁等不同形式开展融资租赁业务。	2005年2月3日发布《外商投资租赁业管理办法》	商务部	已废止
第2条 在一次或多次转租交易涉及同一设备的情况下，本公约适用每一项本应适用本公约的融资租赁交易。	1988年5月28日发布《国际融资租赁公约》	国际统一私法协会	现行有效，且我国为签字国

通过上述梳理，我们得知“转租赁”的定义最早出现在中国人民银行于2000年6月30日颁布的《金融租赁公司管理办法》第48条，但上述条款在2014年3月13日发布的《金融租赁公司管理办法》（2014）中已被删除；此外，无论是商务部、银保监以及财务部甚至是国际公约，都仅仅是提及了“转租赁”这个概念，并未对“转租赁”的构成进行具体规定，更毋论本文所欲讨论的“双租赁”。

值得关注的是，从法源类别看，“转租赁”这一表述也只在各类法规及政策中被提及，并没有法律、司法解释予以规制，与之最为相近的应属《民法典》第716条。本条规定了“转租”，即“承租人经出租人同意，可以将租赁物转租给第三人。承租人转租的，承租人与出租人之间的租赁合同继续有效；第三人造成租赁物损失的，承租人应当赔偿损失。承租人未经出租人同意转租的，出租人可以解除合同”。从文义解释的角度出发，这与前述《金融租赁公司管理办法》第48条所表述的“转租赁”在内涵上保持了一致，同时与会计准则也有相契合之处。依照定义，“转租赁”的交易模式应当归纳为：在前一交易关系项下，出租人a将租赁物出租给承租人b；在后续交易关系下，承租人b以转租人的身份，将租赁物转租给第二承租人c。综上，针对“转租赁”的定义，《民法典》、会计准则、监管规定以及行业实践惯例形成了基本统一，其核心交易结构如下图所示。

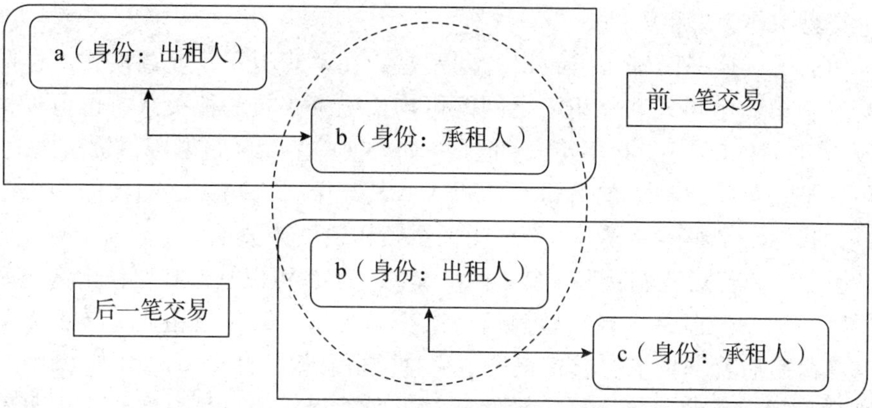

“转租赁”核心交易结构图

根据上述分析，在“转租赁”交易模式下，前一交易中第一出租人 a 和承租人 b 既可以是融资租赁法律关系，也可以是一般的租赁法律关系；但后一笔交易中，承租人 b 的身份为转租人，其与第二承租人 c 仅能构成一般的租赁法律关系，而不可能构成融资租赁法律关系。因为在前一笔交易中，转租人 b 仅取得了租赁物的使用权而没有所有权，所以即使其获得了所有权人 a 的同意，其与第二承租人 c 之间亦无法形成“融物”的可能，自然不能构成标准的融资租赁法律关系。简言之，本文所认为的“转租赁”业务模式下，前一笔交易、后一笔交易的法律关系只存在两种可能情形，即一般的租赁关系 + 一般的租赁关系，或者融资租赁关系 + 一般的租赁关系，而不可能存在融资租赁关系 + 融资租赁关系的情况，这一双层嵌套的融资租赁关系才是本文所探讨的“双租赁”业务模式，故应当澄清“双租赁”与“转租赁”之间是有所区别的。

（二）分析：“双租赁”的法律效果

结合前述对于“转租赁”的定义，“转租赁”模式与本文所讨论的“双租赁”在结构上存在明显不同，其中最核心的区别在于“双租赁”业务模式中具有双重身份的是在前一笔交易中作为出租人、后一笔交易中作为承租人的 A[①]，而“转租赁”业务模式中具有双重身份的是在前一笔交易中作为承租人、后

① 此处的 A 参见前述“双租赁”核心交易结构图。

一笔交易中作为出租人的b[①]。

如前述，这一区别所引致出的问题是，在“双租赁”业务模式下，前一笔交易中第一出租人和承租人之间既可构成融资租赁法律关系，也可以构成一般的租赁法律关系，自不待言；但是，如果前一笔交易是融资租赁法律关系，则后一笔交易中出租人的身份是转租人，其与第二出租人之间仅能构成一般租赁关系，而无法再形成真正意义上的融资租赁法律关系。

诚然，倘若割裂前后手交易，两次交易分别都可以从形式要件上满足融资租赁法律关系，但是一旦结合前后两次交易分析，第一出租人（转租人）在后一笔交易后就不再享有或者丧失了完整的所有权，即第一出租人（转租人）和底层承租人在前一笔交易中虽然成立了融资租赁关系且双方实质上也确实进行了融资和融物，但在第二笔交易完成的时点，第一出租人（转租人）丧失租赁物的所有权使得第一笔交易所形成的融资租赁合同要素发生了根本性变化，第一出租人（转租人）已不能再继续以彼时融资租赁合同成立时的出租人身份和条件来履行合同，而只能以第二个融资租赁合同中的承租人身份将其具有使用权的租赁物租赁交由底层承租人使用，进而得以继续维持租赁的平稳状态。因此，最终出租人与第一出租人（转租人）之间形式上是在继续履行前一个融资租赁合同，但前一个融资租赁关系已与法律规定的融资租赁法律关系不再相符，故所谓“双租赁”的实质是两层独立的售后回租业务的嵌套。而这样的交易模式所引致的交易效果与标准意义上的融资租赁存在的最为明显的差异在于，标准意义上的融资租赁关系下，出租人所享有的所有权应当具有除使用权以外完满的权能，然而在“双租赁”业务模式下，第一出租人（转租人）在履行第二笔交易时，其所享有的所有权已经被“交易”，甚至在一定程度上，我们可以认为，第二笔交易合同的成立需要依赖底层承租人的同意与认可，即同意转租人处分租赁物的所有权，但该处分行为应当以不损害底层承租人的实际占有和使用租赁物的权利为底线。据此，嵌套式的融资租赁业务模式并不能准确地映射出两个融资租赁法律关系，也无法同时实现两个融资租赁法律关系所能达到的独立的、实际的法律效果。

（三）检视：“双租赁”合法合规性之辨

在澄清了“双租赁”业务模式并非能被“转租赁”所涵摄后，应对“双租

---

① 此处的b参见前述“转租赁”核心交易结构图。

赁”这种业务模式的合法合规性进行探讨。从是否合法层面看，《关于审理融资租赁合同纠纷案件适用法律问题的解释》第 1 条第 2 款规定：“对名为融资租赁合同，但实际上不构成融资租赁法律关系的，人民法院应按照实际构成的法律关系处理。”“双租赁”是两个融资租赁合同的嵌套，其法律关系的瑕疵正是在于其中一层融资租赁合同缺乏融物性，转租人作为第二个交易中的承租人，并非租赁物的实际使用人，其占有租赁物的目的也不在于使用租赁物，而是通过租赁物获得融资，简言之，交易目的只是单纯解决其融资，认定为融资租赁关系缺乏法律基础，实则是转租人与第二出租人之间的融资行为，因此二者之间不宜认定为融资租赁法律关系，而应当通过“穿透式”审判思维，在准确揭示交易模式的基础上，探究当事人真实交易目的，根据真实的权利义务关系认定交易的性质与效力，因此根据“双租赁”业务模式的实际构成认定为借贷合同更为妥适。所以，从合法性层面“双租赁”业务模式项下的合同并不是违法的合同，也并不必然导致合同无效，只是应当在性质上认定为借贷合同而非融资租赁合同。

再将目光流转至合规性，当“双租赁”法律关系的属性被认定为借贷时，则将存在合规性问题之虞，即融资租赁公司之间签订借贷合同涉及违反《融资租赁公司监督管理暂行办法》第 8 条所规定的“融资租赁公司不得有下列业务或者活动：……（三）与其他融资租赁公司拆借或变相拆借资金”。根据同业拆借本身的性质来看，拆借目的在于调剂头寸和临时性资金补缺，具有临时性、短期性的特征，强调快进快出的短期效应。而变相拆借的概念，则相较拆借而言更为广泛。[①] 在文义上，变相拆借可以包含各种交易形式的资金融通行为。因此，笔者以为，若融资租赁公司之间实施的“双租赁”行为，存在构成《融资租赁公司监督管理暂行办法》第 8 条所规定的“拆借或变相拆借”之可能，属于违反上述规定的违规经营行为，特别是当融资租赁公司之间频繁、大规模地通过相互借贷的方式实现融资，那么此种方式将更易受到监管者的关注与质疑。

---

① 我国现行法律尚未对拆借作出明确的定义。但是，有关监管部门曾在规范性文件中，对同业拆借的含义作出过规定。《关于规范金融机构同业业务的通知》（银发〔2014〕127 号）规定，同业拆借业务是指经中国人民银行批准，进入全国银行间同业拆借市场的金融机构之间通过全国统一的同业拆借网络进行的无担保资金融通行为。该定义可以作为理解《融资租赁公司监督管理暂行办法》第 8 条之“拆借”一词的含义之参考。

四、针对“双租赁”业务模式适当性的否定与反思

针对“双租赁”业务模式，近期的司法裁判较之于过往有了明显转向，不再对其避而不谈，而是采用“穿透式”审判理念，明确表示其不能构成融资租赁法律关系。然而，对于本文前述上海金融法院和北京高院的裁判理据，实务界仍存在较多质疑与异议，对此笔者尝试予以回应。

第一，有观点认为，前述裁判观点限缩了法律规定层面对融资租赁合同的界定，“提供给承租人使用”包括承租人自行占用、使用，也可以包括承租人将租赁物以出租或其他不转移所有权的方式，提供给第三方使用，即“使用”不应限制在仅为自身实际使用的范畴。对此笔者不予认同。从典型融资租赁合同的角度看，出租人须将购买的租赁物交付承租人使用收益，即出租人购买标的物的直接目的是交付承租人使用收益，而不是自己使用收益，这也是融资租赁合同中出租人的买卖行为不同于买卖合同之处。[①] 故，所谓的“使用”应当是真正意义上的运用，即承租人运用该物自身进行生产并获取价值，而不能泛化进而将非生产意义上的“使用”也纳入其中，否则无法充分彰显融资租赁中“融物”的特质。

第二，有观点提出，前文所述相关判决理据仅是陈述案涉交易结构不符合《金融租赁公司管理办法》所规定的“转租赁”交易特征，不足以得出不构成融资租赁法律关系的结论；易言之，鉴于现行生效的法律法规、监管文件，均没有明确界定“双租赁”业务模式，所以只要交易模式不违反法律法规和监管要求，均应属于交易各方当事人意思自治范畴，司法裁判不宜过于干预当事人的交易安排，否则有侵蚀合同自由之嫌疑，甚至在某种程度上是对金融创新的抑制。对此笔者并不认同，理由如下：首先，从普适的角度出发，“双租赁”业务模式无法形成真正意义上的双重融资租赁法律关系，而是两个法律关系的嵌套抑或嫁接，其虽不违反法律法规的强制性规定，但是究其本质认定为借贷关系后，将面临合规性的挑战，对此前文已作详细分析；其次，从文义解释的层面出发，《融资租赁公司监督管理暂行办法》第5条以列举式的方式规定了融资租赁公司的经营范围，但是其前提条件是“在符合有关法律、

---

① 黄薇主编：《中华人民共和国民法典释义（中）·合同编》，法律出版社2020年版，第1375—1376页。

法规及规章规定的条件下”，且未规定兜底性条款，“双租赁”业务模式并不被涵摄于经营范围内；再次，倘若纯粹研判个案中“双租赁”业务模式的合法合规性，我们应当结合此案的实际交易目的、交易背景、交易结构所对应的法律关系等进行综合考量，不排除个案中该业务模式存在的合理性，但是实践中多数“双租赁”业务模式下，租赁物的所有权并未在最终出租人和转租人之间进行合法、真实的转移，而是仅在合同中约定转移，并且业务中存在租赁物定价与租赁物本身价值无关的情况；① 最后，融资租赁作为一项金融工具，其在业务扩张的同时，易忽略其融物属性，致使租赁物虚化问题越来越严重，诚如学者所言由“合规租赁物”到仅保留“形式租赁物”到“虚构租赁物”转化，部分融资租赁业务甚至成为变相贷款的通道。②“双租赁”业务模式不能构成真正意义上的创新在于，其前后手两个交易均围绕同一个租赁物进行利用，特别是第二个交易中转租人和承租人均未从交易中获得对新物的“使用价值”，只是在形式上设计出了融资租赁的模式，甚至有规避监管之疑。该业务模式体现出部分急于获取资金或急于投放的融资租赁公司，当其扩大规模、增进营利的目的与融资渠道需拓宽的市场需求面向所契合时，其采取的业务模式逐渐异化为变相贷款的通道，由此产生了融资租赁合同形式与市场主体贷款融资之实的分离。③ 对于这种现象，司法裁判及时发挥指引功能，增强了交易预期的确定性，保障了金融市场稳定有序，维护了大多数参与者的交易安全。

五、余论：监管与司法面向下“双租赁”业务模式的去留

2020 年的《融资租赁公司监督管理暂行办法》凸显了对融资租赁行业“强监管、防风险”的主调及“商租监管金租化”的管控模式。与此同时，司法裁判也意识到了这一点，提出要对金融创新业务按照“穿透监管”要求，正确认定多层嵌套交易合同下的真实交易关系，要按照功能监管要求，对以金

---

① 参见邢盼：《浅析融资租赁中的转租赁业务及其监管风险》，载微信公众号“京都律师”，2022 年 5 月 5 日。

② 李维群、尤冰宁：《从“融资”走向“融物”——新监管体系下融资租赁合规展业的实现路径》，载《华侨大学学报（哲学社会科学版）》2021 年第 5 期。

③ 参见最高人民法院民法典贯彻实施工作领导小组主编：《中华人民共和国民法典合同编理解与适用（三）》，人民法院出版社 2020 年版，第 1612—1613 页。

融创新为名掩盖金融风险、规避金融监管、进行制度套利的金融违规行为，以其实际构成的法律关系认定合同效力和权利义务，防止金融风险在不同金融行业和金融机构之间快速传播。[①]据此，我国融资租赁业需要积极适应并拥抱上述监管环境和司法基调，脱离“类信贷”业务轨道，改变游走法律边缘的习惯，“脱虚向实”、回归主业，建立符合企业发展的合规体系，真正助力实体经济的发展。

笔者认为，应当明确“双租赁”是融资租赁公司将存量的融资租赁项目通过该种模式转让给另一家融资租赁公司，以盘活资产获得融资的业务模式。鉴于上海金融法院、北京高院均否定了“双租赁”交易模式可以构成融资租赁法律关系，从审慎角度出发，笔者认为，《融资租赁公司监督管理暂行办法》所预留的三年过渡期已接近尾声，融资租赁公司逐步压降相关业务规模的进度应已基本完成，亦已采取提前终止合同或通过“租赁资产转让”的方式化解存量业务，[②]应审慎考虑在今后避免使用该业务模式。同时，租赁公司应当加强对“穿透式”监管和审判的理解和接纳，在设计产品、业务模式时不可过度“相信”或“依赖”各种表面工具或者合同约定，要按照“实质重于形式”的原则，打破“身份”标签，回归真实交易与业务本质，在此基础上进行金融创新。

① 最高人民法院民事审判第二庭编著:《〈全国法院民商事审判工作会议纪要〉理解与适用》，人民法院出版社2019年版，第59—60页。

② 但该等交易方式属于《中国银保监会关于开展“巩固治乱象成果 促进合规建设”工作的通知》（银保监发〔2019〕23号）中金融租赁公司禁止开展的业务类型，即使非金融租赁公司采用该等交易方案的，未来也可能面临一定的合规风险。

公司章程制定中应注意的法律问题解析

王　谨*

● 摘　要

公司章程作为公司治理的"宪章"，对公司名称、住所、经营范围、资本制度、公司治理等重大事项进行规定，对公司、股东、董事、监事及高级管理人员具有约束力，是公司独立人格的基石，股东自治的基础和公司管理者的行动指南。本文从分析我国《公司法》下两种性质的章程条款入手，对其中任意性条款的五种类型进行了解析。最后，对目前实践中存在效力争议的三类特殊章程条款做了详细分析并提出了制定建议。

● 关键词

章程　任意性条款　双层股权结构　分层董事会　全体股东一致同意

Abstract: As the "charter" of corporate governance, the articles of association stipulate the company's name, domicile, business scope, capital system, corporate governance and other major issues, and is binding on the company, shareholders, directors, supervisors and senior managers. It is the cornerstone of the company's independent

* 王谨，法学博士，北京电子控股有限责任公司总法律顾问，北京仲裁委员会/北京国际仲裁中心仲裁员。

personality, the basis of shareholder autonomy and the action guide of the company's managers. This paper analyzes two kinds of articles of association under the company law of China, and analyzes five types of arbitrary provisions. Finally, it makes a detailed analysis of three types of special articles of association that have validity disputes in practice and puts forward suggestions for their formulation.

Key Words: articles of association, arbitrary clauses, double-layer equity structure, layered board of directors, unanimous consent of all shareholders

一、涉及公司章程的法律法规

目前，在法律层面上，首先，我国对公司章程进行规范的主要还是《公司法》及其系列司法解释，此外，还有一些单行法也会涉及公司章程的相关内容。比如2019年12月修订的《证券法》第91条涉及现金分红的规定："上市公司应当在章程中明确分配现金股利的具体安排和决策程序，依法保障股东的资产收益权。上市公司当年税后利润，在弥补亏损及提取法定公积金后有盈余的，应当按照公司章程的规定分配现金股利。"该条将证监会强制上市公司分红的监管思路和政策转化为法律规定，以公司章程的方式对公司进行约束。

其次，还有一些部门规范性及指引性文件对公司章程进行规范，如涉及国有企业的有国务院国资委制定的《国有企业公司章程制定管理办法》（国资发改革规〔2020〕86号）；涉及上市公司的有证监会发布的《上市公司章程指引》（中国证券监督管理委员会公告〔2022〕2号）、《上市公司治理准则》（证监发〔2018〕29号）；涉及境外及香港上市公司的有原国家体改委发布的《到香港上市公司章程必备条款》（体改生〔1993〕92号）、原国务院证券委、原国家体改委发布的《到境外上市公司章程必备条款》。

最后，一些证券交易所也制定了一些行业性规定对本交易所上市公司的章程进行规范，如《上海证券交易所上市公司自律监管指引第1号——规范运作》（上证发〔2022〕2号）、《深圳证券交易所上市公司自律监管指引第1号——主板上市公司规范运作》（2022修订）（深证上〔2022〕13号），这些都对上市公司章程进行了更细化的规定。

二、章程条款的两种法律性质

相对于大多数国家将章程记载事项分为绝对必要记载事项、相对必要记载事项和任意记载事项，[①] 我国《公司法》对公司章程的内容只就绝对必要记载事项加以列举，除去绝对必要记载事项之外的都是任意记载事项。笔者对此做法是赞同的，因为公司章程绝对必要记载事项不允许当事人排除适用，而相对必要记载事项，除在法律上作了列举说明外，其效力、作用等诸方面与任意记载事项无任何区别，即如果章程没有就相对必要记载事项作出规定，其不影响整个章程的效力；如果作出了约定，则对全体股东产生约束力。因此，区分绝对必要记载事项和相对必要记载事项，除徒增一种法律条文分类外并无更多的益处。

我国《公司法》上关于章程必要记载事项主要是第 25 条第 1 至第 7 项关于有限责任公司章程应当载明的事项以及第 81 条第 1 至第 11 项关于股份有限公司章程应当载明事项。有限责任公司章程必要记载事项包括：公司名称和住所、公司经营范围、公司注册资本、股东的姓名或者名称、股东的出资方式、出资额和出资时间、公司的机构及其产生办法、职权、议事规则、公司法定代表人。股份有限公司章程必要记载事项包括：公司名称和住所、公司经营范围、公司设立方式、公司股份总数、每股金额和注册资本、发起人的姓名或者名称、认购的股份数、出资方式和出资时间、董事会的组成、职权和议事规则、公司法定代表人、监事会的组成、职权和议事规则、公司利润分配办法、公司的解散事由与清算办法、公司的通知和公告办法。

从上述条文可以看出，相对于有限责任公司，股份有限公司的必要记载事项要多一些，这是因为有限责任公司作为人合性公司，其公司治理相对封闭，公司法给予其自治的空间较大；而股份有限公司作为资合性公司，尤其是上市的股份有限公司，其公司治理较为开放，涉及众多中小股东的利益，社

---

① 所谓绝对必要记载事项，即公司章程的必备条款，是指公司章程必须记载的法定事项。绝对必要记载事项缺少其中任何一项或任何一项记载不合法，会导致整个章程无效，从而成为公司设立无效的事由；所谓相对必要记载事项是指法律列举的允许当事人自由选择是否记载的事项，一经记载则发生法律效力，如不予记载也不会影响整个章程的效力；如记载不合法，仅该事项无效。所谓任意记载事项是指法律上并无明确规定和要求，当事人在不违背法律、公共秩序、善良风俗的情况下，根据本公司实际情况而选择予以记载的事项，一经记载，其效力与相对必要记载事项相同。

会影响较大，因此，公司法对其的管理也较有限责任公司更为严格[①]。

三、章程任意性条款制定问题

我国公司法上的章程任意性条款内涵丰富，外延宽广，在强制性规定之外为公司自行创制管理制度留有充足的自由空间。按照公司法授权公司自行创制任意性条款的内容范围依次扩大，章程任意性条款通常被划分为许可适用规范、授权选择规范、授权除外规范、授权补充规范和授权创制规范五种类型。

（一）许可适用规范

指《公司法》规定了具体规范的具体内容，但是只有在章程里明示选用该内容，才可以适用于该公司，否则不适用此内容。例如，《公司法》第 16 条关于章程对投资或者担保的总额及单项投资或者担保的数额限额的规定；第 105 条关于股份有限公司股东大会选举董事、监事，可以在公司章程规定实行累积投票制的规定。

（二）授权选择规范

指《公司法》明确了选择的范围，章程可以在此范围内选择内容予以适用。例如，《公司法》第 13 条关于公司法定代表人可在董事长、执行董事或者经理之间选任的规定；第 16 条关于由董事会或者股东会、股东大会决议公司向其他企业投资或者为他人提供担保的规定；第 45 条关于有限责任公司董事任期在每届不超过三年范围内自行决定的规定；第 51 条关于有限责任公司职工监事代表的比例在不低于三分之一范围自行决定的规定；第 70 条关于国有独资公司职工监事代表在不低于三分之一范围内自行决定的规定；第 108 条关于股份有限公司董事任期在每届不超过三年范围内自行决定的规定；第 117 条关于股份有限公司监事会职工代表在不低于三分之一的比例上自行决定的规定；第 169 条关于由股东会、股东大会还是董事会决定聘用、解聘会计师事务所的规定。

（三）授权除外规范

指《公司法》已经规定了具体的内容，但允许章程以"但书"的方式另行规定，章程如果另行规定了就适用章程的规定，章程如果未规定就推定适用

---

① 当然，也有学者认为我国区分有限责任公司和股份有限公司并不合理；其一，二者并不能区分出人合性公司和资合性公司，我国真正的人合性公司其实是合作企业，而有限责任公司既有人合性又有资合性；其二，二者也不能区分出封闭型公司和开放性公司，有限责任公司和不上市的股份有限公司属于封闭型公司，只有上市的股份有限公司才能算是开放型公司。

《公司法》的具体内容。例如,《公司法》第 41 条对股东会会议提前通知时间的另行规定;第 42 条对有限责任公司表决权方式的另行规定;第 49 条对经理职权的另行规定;第 68 条对国有独资公司经理职权的另行规定;第 71 条对有限责任公司股东之间即股东向股东以外的人转让股权的另行规定;第 75 条对有限责任公司股权继承的另行规定;第 113 条对股份有限公司经理职权的另行规定;第 166 条对股份有限公司弥补亏损和提取公积金后所余税后利润分配的另行规定。

目前理论界和司法实践关于授权除外规范能在多大程度上排除公司法适用、是否所有类型的排除适用都有效争议颇多。以《公司法》第 71 条为例,第 71 条对有限责任公司对外转让股权进行了规定,前三款就股权转让所涉具体事宜作出了明确规定,第 4 款允许公司章程作出“另有规定”。这就意味着第 71 条赋予有限责任公司章程可以约定与现行《公司法》关于股权转让法定规则不同的自治内容。但是此条规定得过于宽泛,也未有相关的司法解释予以匹配,因此,司法实践及理论界对章程规定内容的效力认定也意见不一。比如,关于章程约定强制离职股东转让股权和章程禁止或者变相禁止股权转让的效力问题,目前司法实践裁决各异,说理也各不相同。

从司法实践来看,对章程约定股权转让的效力认定要区分不同情况进行不同处理。对章程约定强制离职股东转让股权,要区分章程本身的性质是初始章程还是修订章程。初始章程是公司全体股东或发起人制定,是全体股东或发起人之间的合同,未经合同当事方同意不得修改。因此,如果该规定由公司初始章程作出规定或者经过全体股东同意的公司修正案作出而修订,则为有效。而修订章程是依照公司资本多数决决策程序作出的公司决议,在没得到全体股东同意的前提下,公司决议不得修改初始章程中关于股东权利的条款,因此也就不得通过修订章程对股东转让股权进行强制转让。

对章程禁止或者变相禁止股权转让的效力要区分章程的限制是对股权处分权本身的限制还是关于股权转让程序的限制,如果是前者,即使该禁止或者变相禁止的规定可以依据合意通过公司初始章程设立,但其剥夺了股东转让股权的权利,将导致股东无法退出公司,使得股东无法对股权的财产性权利进行支配,此种限制不符合股东“用脚投票”的商业逻辑,因此,对此种限制条款的效力应持否定态度。如果对股权转让的限制属于程序性的限制,如规定股东向股东以外的人转让出资,须经全体股东同意且并未排除《公司法》

第 71 条第 2 款、第 3 款的适用，则可以通过初始章程或者章程修正案的形式进行限制，这种限制通常是有效的。

《最高人民法院关于适用〈中华人民共和国公司法〉若干问题的规定（四）（征求意见稿）》曾尝试就第 71 条的适用作出规定，[①] 但最终还是由于股权转让涉及利益主体多元，其间利益配置与衡量复杂而被删除。虽然最终的《最高人民法院关于适用〈中华人民共和国公司法〉若干问题的规定（四）》第 17 条至第 21 条对《公司法》第 71 条的内容进行了细化，但仍未对相关利益冲突作出充分回应，利益配置的不清晰导致"同意权""优先购买权"与"反悔权"的内在逻辑不顺畅，通过公司章程予以介入和改造的边界也不明朗。

（四）授权补充规范

指《公司法》规定了具体的内容且允许章程在遵守《公司法》具体内容基础上进行补充规定，但是不能减损《公司法》的基础性规定。例如，《公司法》第 37 条关于有限责任公司股东会职权的规定；第 43 条关于有限责任公司股东会议事方式和表决程序的规定；第 46 条关于有限责任公司董事会职权的规定；第 48 条关于有限责任公司董事会议事方式和表决程序的规定；第 53 条关于有限责任公司监事会或监事职权的规定；第 55 条关于有限责任公司监事会议事方式和表决程序的规定；第 100 条关于股份有限公司临时股东大会召开情形的规定；第 118 条对股份有限公司监事会或监事职权的规定；第 119 条关于股份有限公司监事会议事方式和表决程序的规定；第 141 条关于股份有限公司董事、监事、高级管理人员转让本公司股份的限制性规定；第 148 条关于董事、高管人员将公司资金借贷给他人或者以公司财产为他人提供担保、与本公司订立合同或者进行交易的条件的规定；第 180 条关于公司经营期限及解散其他事由的规定；第 216 条关于公司高级管理人员范围的规定。

（五）授权创制规范

指《公司法》未对具体内容进行任何规定，留给公司章程自行规定。例如，《公司法》第 44 条关于有限责任公司董事长、副董事长产生办法的规定；第 50 条关于有限责任公司执行董事职权的规定；第 110 条关于股份有限公司

---

① 在《最高人民法院关于适用〈中华人民共和国公司法〉若干问题的规定（四）（征求意见稿）》中，曾有第 29 条规定，有限责任公司章程条款过度限制股东转让股权，导致股权实质上不能转让，股东请求确认该条款无效的，应予支持。

董事会临时会议召集的通知方式和通知时限的规定；第 165 条关于有限责任公司财务会计报告送交股东期限的规定。

需要说明的是，笔者认为这五种分类只是为了增加读者对条款理解的方便性，并不是一种严格的学术或司法实践的区分方法。而且有些条款同时兼有两种属性，并不能很精准地划入某一种类型。比如，第 45 条关于有限责任公司董事任期在每届不超过三年范围内自行决定的规定以及第 51 条关于有限责任公司职工监事代表的比例在不低于三分之一范围自行决定的规定，有些将其划入授权创制规范，有些将其划入授权选择规范。前者认为这是公司法赋予公司自行决定的权利，和法定代表人固定在董事长、执行董事或者经理之间选任的授权选择规范还有所不同。后者则认为此条的选择是有限制的，公司只有在法律限定范围内作出的约定才是有效的，而授权创制规范不同，法律并没有对其内容进行限制，如第 50 条关于有限责任公司执行董事职权规定。本文采纳后者观点，因为想强调公司法对公司选择的限制，这一点对实务工作者来说可能更重要一些。因此，读者可以不必过于纠结每种分类的精准性。

四、特殊章程条款的制定问题

在我国公司治理的实践中，许多公司出于公司治理的效率或安全考虑，借鉴摸索了一些特殊的章程条款，由于这些条款在现行《公司法》里找不到具体的法律依据，因此，理论界和实践中就其在我国《公司法》下的效力存在很大争议，下面，我们就对其中争议较大的双层股权结构、交错董事会制度和全体股东一致同意表决机制三个条款进行分析。

（一）双层股权结构[①]

区别于同股同权的普通股权结构，双层股权结构（dual-class share structure）是公司通过发行两种以上含有不同投票权或者控制权安排的股票所形成一种特殊的公司股权结构。通常，表决权数较高的股份由公司创始人或者管理层所持有，而表决权数较低甚至无表决权的股份则由公众股东所持有。双层股权结构突破了单一股权结构下的“一股一权”原则的限制，对不同类

---

① 双层股权结构中的双层也不仅仅就是指两层，其中的“双”字应该是一个虚数，指的是非单一结构，其本质是区别单一股权结构，而至于股权结构分为两层、还是三层乃至四层只是量的不同，并无质的区别。实践中，双层股权结构和多层股权结构（MVS）经常互用，不必过于纠结称谓上的不同。

别的股份所承载的表决权进行差异化安排，即强化了某些股份的表决权，而弱化甚至取消了其他股份的表决权，属于一种特殊的公司治理结构设计。

目前，我国《公司法》没有双层股权结构的具体规定，但是我国《公司法》也并没有对双层股权结构进行禁止。根据《公司法》第42条“股东会会议由股东按照出资比例行使表决权；但是，公司章程另有规定的除外”，第43条“股东会的议事方式和表决程序，除本法有规定的外，由公司章程规定”，这两条就意味着有限责任公司可通过公司章程规定同股不同权，也可以通过章程制定双层股权结构相应的配套议事方式和表决程序。因此，在有限责任公司层面，我国《公司法》并未对双层股权结构的实施在法律层面设置禁止性规定。

对于股份有限公司而言，我国对于股份有限公司股权设计遵循“一股一票”或“同股同权”的原则。具体可见《公司法》第126条“股份的发行，实行公平、公正的原则，同种类的每一股份应当具有同等权利。同次发行的同种类股票，每股的发行条件和价格应当相同；任何单位或者个人所认购的股份，每股应当支付相同的价额”；以及第103条“股东出席股东大会会议，所持每一股份有一表决权”的相关条文。

但是，虽然《公司法》确立股份公司表决权应为一股一权，但是其仍为双层股权结构在今后实施预留有一定的立法空间。根据第131条“国务院可以对公司发行本法规定以外的其他种类的股份，另行作出规定”，表明国务院可以根据需要规定发行公司法规定以外的股份，包括双层股权结构的股份。2013年，国务院根据立法机关的授权公布了《国务院关于开展优先股试点的指导意见》，2014年，中国证监会发布《优先股试点管理办法》，为上市公司公开发行优先股、非上市公众公司非公开发行优先股、优先股的交易转让及登记结算提供规则框架。此后，上海证券交易所、深圳证券交易所、中国证券登记结算有限公司、全国中小企业股份转让系统陆续推出了一系列重要的配套规则，为优先股发行、交易与结算提供具体的操作准则[①]。2018年，国务院

---

① 上海证券交易所于2014年5月9日发布《上海证券交易所优先股业务试点管理办法》；深圳证券交易所于2014年6月12日发布《深圳证券交易所优先股试点业务实施细则》；中国证券登记结算有限公司于2014年6月20日发布《优先股试点登记结算业务实施细则》；全国中小企业股份转让系统于2015年9月21日发布《全国中小企业股份转让系统优先股业务指引（试行）》。

发布《关于推动创新企业高质量发展打造“双创”升级版的意见》，提出要推动完善公司法等法律法规和资本市场相关规则，允许科技企业实行“同股不同权”的特殊治理结构安排。2019年，中国证监会发布《关于在上海证券交易所设立科创板并试点注册制的实施意见》，提出在上海证券交易所新设科创板，重点支持科技创新企业，并明确允许符合相关要求的特殊股权结构企业和红筹企业在科创板上市。2019年，中国证监会发布《科创板首次公开发行股票注册管理办法（试行）》和《科创板上市公司持续监管办法（试行）》；同日，上海证券交易所发布《上海证券交易所科创板股票上市规则》对差异化表决制度予以详细规定。由于中国证监会为国务院直属的正部级事业单位，上文提及中国证监会发布的优先股及特殊股权结构的规定可以视为国务院对于第131条规定权利的行使。因此，对于股份有限公司，根据《公司法》、国务院及中国证监会的相关规定，其也可以实施优先股及差异化表决机制。

但是对于股份有限公司，目前的差异化表决机制还只是在科创版上市公司所享有，同时，根据证监会《科创板管理办法》和《科创板上市公司持续监管办法（试行）》，存在特别表决权股权的科创公司还应该遵守证券交易所的相关规定，而上海证券交易所发布《上海证券交易所科创板股票上市规则》用15个条文对差异化表决权进行了详细规定，涉及实施差异化表决权安排的企业条件、特别表决权股东条件、特别表决权只能在IPO实施、特别表决权拥有的最高表决权倍数、特别表决权转换为普通股条件、信息披露、特别表决权不得在二级市场交易等进行了详细规定，股份有限公司在制定公司章程时应注意遵守相关规定。

（二）交错董事会制度

交错董事制度也称分期分级董事会制度，指的是在公司章程中把董事分成若干组，每一组有不同的任期，每一年只有任期届满的董事才能被改选。作为反收购“驱鲨剂”的一种，[①] 交错董事会条款往往成为被收购公司管理层所青睐的对象。分层董事会来源于美国。我国《公司法》目前没有规定分层董事会制度，学术界对该措施是否符合我国的相关法律法规也存在着一定的争议。持肯定说的学者认为，我国法律上仅就董事任期设有三年上限，并未规

① 目前主要的反收购条款有驱鲨剂、降落伞计划、白衣骑士、焦土政策。

定全体董事需要同时进行改选，如果公司章程中明确规定董事不同任期及分期改选，并不违反我国《公司法》的规定，应属有效。持反对说的学者则认为，董事会选举董事，其暗含之意是同时选举全体董事，而分层董事会制度间接限制了股东选举和更换董事的权利，使股东无法一次更换全部董事，使得由股东会选举董事会的《公司法》基本原则落空，因此，在现行《公司法》制度框架下，应该不允许存在分层董事会制度。

笔者赞同肯定说，法无禁止即可行，交错董事会制度并不会违反法律的强制性规定。其只是将董事会成员分为不同的组别，根据每个组别的董事任期届满时间不同来对董事进行分期选举。这并不会延长董事的任职期限或者限制股东选举自己信任的董事，只是单纯地延缓了董事会格局变更的速度。因此，纯粹的交错董事会制度并不会违反我国法律的强制性规定。

但是，需要说明的是，关于限制改选董事的方式，实践中有两种做法：一种是交错董事制度；另一种是直接在章程里限制一次性改选董事的比例。如果是直接在章程里限制一次性改选董事的比例，笔者认为该反收购措施违反了我国强制性规定。实质上，这个条款不仅对股东每年选举董事的人数造成了限制，同时也强制性地延长了剩余董事的任期，并对股东罢免董事的权利也作出了限制。股东对于董事的选举权和罢免权是解决公司代理成本的核心治理机制。而对股东上述权利的限制会导致代理成本的增加。即使是在美国鼓励公司进行反收购的地区，也不允许对公司股东选举董事权利作出限制。我国更是将股东选任和罢免董事的规定作为《公司法》上的强制性规定。因此，如果是交错董事会制度，笔者认为不违反我国的法律法规，如果是直接在章程里限制一次性改选董事的比例，那么笔者认为该措施违反我国法律的强制性规定。

（三）全体股东一致同意表决机制

资本多数决是公司法股东会表决机制的基本原则，但是实践中资本多数决表决机制使得公司话语权被控股股东掌握，小股东利益难以得到保障。因此，为弥补资本多数决适用的缺陷，近年来有些公司在章程中约定股东会决议须经全体股东一致同意。对此条款的法律效力，理论界进行了激烈的讨论，司法实践对此条款的认可也不尽相同。

否定的一方认为，《公司法》第 43 条[①] 和第 103 条[②] 分别规定了有限责任公司和股份有限公司的股东会表决机制，其中，股东会会议作出修改公司章程、增加或者减少注册资本的决议，以及公司合并、分立、解散或者变更公司形式的决议，必须经代表三分之二以上表决权的股东通过即我国的资本多数决机制，而全体股东一致同意条款违反了我国《公司法》资本多数决的基本原则。效力否定方认为，我国《公司法》的资本多数决原则，只允许公司章程提高股东会特别决议通过所需的表决权比例，如从三分之二提高为四分之三，但是提高到三分之三，即全体股东一致同意机制却从根本上改变了资本多数决基本原则。公司是资本集合的产物，因此，资本多数决是其基本的议事规则，这是公司区别于合伙的根本之处。从效率上讲，全体股东一致同意也降低了公司决策效率，甚至会导致公司僵局的出现，这对公司的长远发展是不利的。因此，其法律效力是否定的。

肯定一方认为，我国《公司法》第 43 条强调特定事项决议的最低限度表决权要求，即三分之二以上表决权，但是并不禁止在此基础上公司自行制定更高的要求。公司章程中规定超过《公司法》三分之二以上表决权的，只是对于公司决议通过的程序要求更为严格，未违反《公司法》强制性规定，属于公司股东们在公司章程中自行约定的特别规定。同时，公司章程自治，只要条款系全体股东共同制定，为全体股东真实意思表示，就应当具有法律效力。

笔者认为，首先法无禁止即可行，从目前《公司法》条文来说，确实没有对全体股东一致同意作出禁止性规定。资本多数决是否能多到全体股东一致同意的程度，《公司法》并未给出明确的规定。从司法实践的做法来看，认定全体股东一致同意条款的效力时，着重看以下两个方面：一是区分不同的公司类型进行设定，对于封闭型公司，即有限责任公司和非上市的股份有限公

---

① 《公司法》第 43 条规定：（有限责任公司）股东会的议事方式和表决程序，除本法有规定的外，由公司章程规定。股东会会议作出修改公司章程、增加或者减少注册资本的决议，以及公司合并、分立、解散或者变更公司形式的决议，必须经代表三分之二以上表决权的股东通过。

② 《公司法》第 103 条规定：（股份有限公司）股东出席股东大会会议，所持每一股份有一表决权。但是，公司持有的本公司股份没有表决权。股东大会作出决议，必须经出席会议的股东所持表决权过半数通过。但是，股东大会作出修改公司章程、增加或者减少注册资本的决议，以及公司合并、分立、解散或者变更公司形式的决议，必须经出席会议的股东所持表决权的三分之二以上通过。

司，其人合性更强，股东人数较少，适用全体股东一致同意机制操作起来也更为有效，因此，对于有限责任公司和非上市的股份有限公司，全体股东一致同意条款是有效的。而对上市公司的股份公司，因为其股东人数众多，全体股东一致同意很难达成，更容易形成公司僵局，因此，不建议应用此条款。二是尽量采用列举型表现形式而非概括性表现形式的全体股东一致同意条款更为适宜，将需要采用全体股东一致同意的特殊重要事项一一列举出来，而不是笼统规定股东会作出决议应经全体股东一致同意，更容易获得司法实践的支持。

综上，对上述三项效力特殊的章程条款，笔者分析了目前理论界的不同观点和实务中的做法，总体上，上述三项条款并无存在违反现行法律法规的地方，但是由于目前立法中没有明确的规定，因此在具体制定时仍要特别注意适用的情形及方式。笔者在此也建议，在此次《公司法》修订时，立法者应对上述三项条款涉及的立法意图予以充分考虑，在此基础上以明确立法形式对上述三项条款效力予以确认，以指导实务界更好地制定公司章程。

合同提前终止时工期延误违约金计算

——英国最高法院 2021 年 Triple Point vs. PTT 案例

贾怀远 *

● **摘　要**

在国际工程领域，工程合同的提前终止是经常发生的事件；而工期延误违约金（Liquidation Damage）条款则是国际工程合同中的基本条款之一。国际工程合同提前终止时，工期延误违约金如何计算的问题是一个绕不开的现实问题。对于工期延误违约金的传统性的解释，再次体现在 Triple Point vs. PTT 一案中，该案经英国法院一审法院（工程与技术法院 TCC）、上诉法院，最终于 2021 年 7 月 16 日，由英国最高法院在 UKSC 29 中再次明确判决：工期延误违约金可以计算至合同终止时，以合同约定的最高赔偿责任额为限。另外，对于违反合同义务的过失责任排除在合同约定的有限责任之外。该判决终结了英国上诉法院针对以上争议判决的困惑。尽管这是一个英国最高法院的判例，但该判决对国际工程领域的类似争议解决将产生深远的影响，具有里程碑的意见。

● **关键词**

国际工程　工程延误违约金　英国最高法院判例

---

* 贾怀远，北京德恒律师事务所高级合伙人，德恒迪拜律师事务所主任，北京仲裁委员会/北京国际仲裁中心仲裁员。

Abstract: Termination of engineering contract prior to the scheduled date often incurs in the international construction industry and the clause of Liquidated Damages for delay in construction period ("LD") is one of basic clauses in the engineering contract. Calculation of LD prior to contract termination is a practical problem that cannot be avoided. The orthodox interpretation of LD is again reflected in the case of *Triple Point vs. PTT*, this case eventually was confirmed by the UK Supreme Court in UKSC 29 on 16 July 2021 after the case first trial in TCC and the Court of Appeal and was clarified that the LD could be claimed up to the date of termination subject to the maximum amount of liability which is limited in the contract. In addition, negligence liability for breach of contractual obligations is excluded from contractually agreed limited liability. The UK Supreme Court judgment ended the confusion brought by the Court of Appeal in respect of LD interpretation. Although it is a UK Supreme Court case, the interpretation on LD will have far-reaching implications for similar dispute resolution in the international construction practice, which established a landmark.

Key Words: international engineering, liquidated damages, UK Supreme Court Case

【基本案情】

PTT Public Company Ltd.（以下简称 PTT）是泰国的一家能源和石油化工公司，而 Triple Point Technology Inc.（以下简称 Triple Point）是一家专门从事商业交易软件的开发与应用的美国公司。2013 年 2 月，PTT 与 Triple Point 签订了一份软件销售和服务开发项目合同，由 Triple Point 向 PTT 提供软件以及软件的应用服务。

合同中包括"里程碑"支付条款，双方约定，在合同履行过程中，工程进展达到了关键的里程碑，PTT 将向 Triple Point 支付相应的阶段性报酬。同时，如果在合同履行过程中出现了第 5.3 条下的延期达到里程碑的情况，则 Triple Point 应当支付约定违约金（liquidated damages）："如果承包方未能在规定的时间内交付工作成果，且延期非 PTT 的原因所导致，则承包方（Triple Point）

应当支付约定的违约金，从该工作成果约定应当交付之日起，至PTT实际接受该工作成果之日为止，每延期一天，按未能如期交付的合同价款的0.1%计算约定违约金。”[①]

针对有限责任和责任排除的约定，集中在合同的第12条“Liability and Responsibility”。合同第12.1条要求Triple Point行使所有合理的谨慎义务，否则将构成违约责任，需支付违约金。[②]第12.3条责任条款约定：“承包方（Triple Point）应当对其违约行为对PTT造成的任何损失负责，包括软件缺陷……等在本合同约定的情形。合同双方可以主张的赔偿总额以承包商实际收到的合同款数额为限，但是，此项赔偿责任限制不适用于因承包商的欺诈、过失、严重过失或故意不当行为而导致的承包商责任。”[③]

合同履行开始不久即出现了延误。2014年5月，围绕付款问题，双方产生了纠纷，Triple Point暂停了工程进展。2015年3月，由于工程进展困难，PTT终止了合同，同时指定了一个新的承包商继续推进该工程。因此，Triple Point以合同已支付和尚未支付的其他付款凭证为由，对PTT在英国TCC法院提起诉讼。PPT则提出反诉，要求Triple Point赔偿损失共计14,664,035.18美元，其中至合同终止的延期违约金3,459,278.40美元。

---

① 合同第5.3条原文为：If Contractor fails to deliver work within the time specified and the delay has not been introduced by PTT, Contractor shall be liable to pay the penalty at the rate of 0.1%（zero point one percent）of undelivered work per day of delay from the due date for delivery up to the date PTT accepts such work…

② 合同第12.1条原文为：Contractor shall exercise all reasonable skill, care and diligence and efficiency in the performance of the Services under the Contract and carry out all his responsibilities in accordance with recognized international professional standards…

③ 合同第12.3条原文为：Contractor shall be liable to PTT for any damage suffered by PTT as a consequence of Contractor's breach of contract, including software defects or inability to perform Fully Complies or Partially Complies functionalities as illustrated in Section 24 of Part Ⅲ Project and Services. The total liability of Contractor to PTT under the Contract shall be limited to the Contract Price received by Contractor with respect to the services or deliverables involved under this Contract. Except for the special remedies expressly identified as such in this Contract, PTT's exclusive remedy for any claim arising out of this Contract will be for Contractor, upon written notice, to use best endeavor to cure the breach at its expense, or failing that, to return the fees paid to Contractor for the Services or Deliverables related to the breach. This limitation of liability shall not apply to Contractor's liability resulting from fraud, negligence, gross negligence or willful misconduct of Contractor or any of its officers, employees or agents.

【裁判观点】

一审中，法院认为：

（1）Triple Point 应对工程延误负责，即其违反了合理的技能与谨慎义务（reasonable skill and care）。

（2）PTT 有权索赔延误违约金累计 3,459,278.40 美元，没有限制。

（3）Triple Point 应对其他的损害赔偿负责，包括替代的软件系统和浪费的设备，但是，应该以合同约定的赔偿总额为限，法院仅仅将其他的损害赔偿损失计算上限到 1,038,000 美元。

对此，Triple Point 提出上诉。英国上诉法院采取了不同的裁判思路，对约定延误违约金进行了不同的解读，判决如下：

（1）在本合同项下，Triple Point 仅完成了第一个里程碑的工作，合同便终止了，由此，Triple Point 无需对剩余里程碑的工程相应的延期违约金进行支付（实际上，在合同终止时，Triple Point 已经对全部里程碑延误），由于在合同终止时，PTT 接受了第一个里程碑的工程，第一个里程碑的工期延误了 149 天，所以，最终判令 PTT 仅有权追偿第一个里程碑的工程延期（149 天）而造成的 154,662 美元的违约金。

（2）第 12.3 条赔偿责任限制例外条款中的“过失”是限定在侵权过失。这意味着 Triple Point 的赔偿责任将受到最高限额的保护。

（3）对于约定预期违约金，则应当计算在赔偿总额上限之内。

很明显，英国上诉法院对延期违约金的解释导致了该法律适用的严重的困惑和担忧。这种错误的解释将在工程、基础设施以及 IT 项目上产生重大影响，继而也会影响到造船类工程项目。

最高法院裁定：

1. PTT 可主张计算至合同终止前全部约定的延期违约金

即使后面的里程碑工程未被 PTT 接受，约定违约金也应计算至合同终止之日为止，理由如下：

（1）约定延期违约金条款中的措辞“至 PTT 实际接受该工程之日为止”并非适用约定延期违约金的条件，而是简单地明确了约定延期违约金停止继续累积的时间点，因此，对第 5.3 条的正确解释是：该条款规定了合同实际完成日期超过约定完成日期的违约金，而与 PTT 是否接受了该工程无关。

（2）法官进一步解释，如果约定延期违约金条款只对完成的里程碑工程延期适用，将会给严重超过规定完工时间的承包商一种不完成工程的激励，即终止合同以避免支付违约造成的延期违约金，而创造这样的激励机制毫无道理。此外，这种观点和立场将迫使索赔人（一般是业主）承担证明其损失的责任，并面临一般损害赔偿中关于减轻责任的抗辩，而不能直接依据预先确定的延期违约金数额获得赔偿。

（3）同时也指出，约定延期违约金的赔偿应受合同中约定的赔偿总额上限的限制，因为合同明确约定了赔偿责任的限制，即合同约定的赔偿责任总额限制在 Triple Point 已经收到的合同总价款的范围内。

2. 承包商的过失责任排除在合同的有限责任之外

由于法官认为 Triple Point 的严重延误，不仅存在合同违约，也同时存在过失责任，所以，对于过失责任的认定，英国最高法院推翻了上诉法院的判决。法官分析认为，违反“合理技能和谨慎义务”应等同于违反合同义务，对于 Triple Point 的过失而导致的损失，不受到双方约定的赔偿总额上限的限制。

【案件点评】

1. 英国最高院的判例再次回归约定的延期违约金的传统观点

本案是英国最高法院在 2021 年作出的一项判决，关键焦点在于对合同终止情况下如何约定违约金条款的计算，以及承包商的过失所导致的损失是否应该视为有限责任的范围。最高法院推翻了上诉法院的决定。

在英国上诉法院的判决作出前，建筑工程行业和 IT 行业普遍认为，如果合同终止，即使延期的工程没有完成或被接受，约定违约金也将一直累积到合同终止，此外还可以进行一般性的索赔。而上诉法院的决定意味着，涉及竣工或验收迟延的约定延期违约金条款，可能在合同尚未竣工验收即提前终止的情况下根本不能适用。也就是说，如果合同提前终止，当事人就会丧失主张约定延期违约金的权利。这将会给建筑工程行业和 IT 行业造成很大的不确定性，甚至形成一种恶性激励，给承包商或雇主带来不正当的动机提前终止合同，以避免违约延期赔偿条款。事实证明，这是一项错误的判决，给整个工程界和 IT 行业带来了困惑和担忧。而最高法院的判决明确表明，除非合同中另有明确约定，约定延期违约金应当是合同终止时可获得的应计权利，无论合同是否终止或工程是否完成，约定违约金条款都将继续有效。

2. 国际工程合同实践中需要注意的事项

本案中的责任条款不是一个标准的、传统的条款，根据内容推测应该是

Triple Point 公司为自己量身定做的一个有限责任条款，所以，也导致了在出现争议后，双方各执一端，将争议打到英国最高法院，最终彻底败诉的结局。本案也说明，为避免类似纠纷发生，当事人在起草合同时有必要写明约定延期违约金条款适用的明确条件；损害赔偿责任的具体计算方法；约定延期违约金责任与合同赔偿责任限制或排除条款之间的关系等。

3. 对中国承包商的启示

对于中国的承包商而言，在承包国际工程时，适用英国法律已经是常态，特别约定延期违约金（一般为合同总额的 10%），已经成为所有重大国际工程项目合同的必备条款。但是，对于约定延期违约金的裁决，在中国法下与英国法有巨大差别。在中国法下，违约金既有补偿性又具有惩罚性，但是法官/仲裁员可以根据实际情况进行衡量违约金的比例和数额，并且和实际损失的补偿一并考虑，目前根据《中华人民共和国民法典》和仍然有效的司法解释，原则上考虑在实际损失的 30% 以内。这种考量和阿联酋的法律相似，迪拜的法庭不会认可约定的总合同额 10% 的延期违约金数额。但是在英国法下，约定的延期违约金是一种真实的、双方预估的、认可的损失赔偿数额，不具备惩罚性，承包商一旦工程逾期，业主将直接按约定的比例索赔逾期违约金，无需提供任何证明、证据。所以，在不同的法律之下，对延期违约金裁决数额存在巨大差异。

征稿启事

《北京仲裁》由北京仲裁委员会/北京国际仲裁中心主办，主要刊登中外仲裁、调解、工程评审等与多元化纠纷解决机制相关的民商事理论性、实践性的论文或者介绍性文章以及符合前述范围的翻译文章。本出版物每年出版四辑，下设“主题研讨”“专论”“仲裁讲坛”“比较研究”“ADR专栏”“案例评析”“办案札记”等栏目。

编辑部热诚欢迎广大读者投稿，投稿前请仔细阅读以下注意事项：

1. 来稿应符合本出版物网站（www.bjac.org.cn /magazine/）的投稿要求及注释体例，并按要求写明作者信息、中英文题目、内容摘要、关键词等信息。

2. 来稿应严格遵守学术规范，如出现抄袭、剽窃等侵犯知识产权的情况，由作者自负责任。

3. 为扩大本出版物及作者信息交流渠道，本出版物已经委托博看网数字发行，并已被CNKI中国期刊全文数据库收录。凡向本出版物投稿的稿件，即视作作者同意独家授权出版其作品，包括但不限于纸质图书出版权、电子版信息网络传播权、无线增值业务权等权利，授予本出版物授予合作单位再使用、授予相关数据库收录之权利，作者前述相关的著作权使用费将由编辑部在稿酬内一次性给付。若作者不同意前述授权的，请在来稿时书面声明，以便做适当处理；作者未书面声明的，视为同意编辑部的前述安排。

4. 投稿方式：请采用电子版形式，发送至电子邮箱 bjzhongcai@bjac.org.cn。如在两个月内未发出用稿或备用通知，请作者自行处理。

5. 所有来稿一经采用，即奉稿酬（400元/千字，特约稿件500元/千字）。

《北京仲裁》编辑部

图书在版编目 (CIP) 数据

北京仲裁．第119辑 / 北京仲裁委员会（北京国际仲裁中心）组编．—北京：中国法制出版社，2022.11

ISBN 978-7-5216-3064-0

Ⅰ．①北…　Ⅱ．①北…　Ⅲ．①仲裁－司法监督－中国－文集　Ⅳ．① D925.7-53

中国版本图书馆 CIP 数据核字（2022）第 205753 号

策划编辑：马　颖
责任编辑：侯　鹏　　封面设计：李　宁

北京仲裁（第119辑）

BEIJING ZHONGCAI（DI-119 JI）

组编 / 北京仲裁委员会（北京国际仲裁中心）

经销 / 新华书店

印刷 / 河北鑫兆源印刷有限公司

开本 / 787 毫米 ×960 毫米　16 开　　印张 / 7.75　字数 / 127 千

版次 / 2022 年 11 月第 1 版　　2022 年 11 月第 1 次印刷

中国法制出版社出版

书号 ISBN 978-7-5216-3064-0　　定价：39.00 元

北京市西城区西便门西里甲 16 号西便门办公区

邮政编码：100053　　传真：010-63141600

网址：http://www.zgfzs.com　　**编辑部电话：010-63141826**

市场营销部电话：010-63141612　　**印务部电话：010-63141606**

（如有印装质量问题，请与本社印务部联系。）